Detlev Mares

Margaret Thatcher

Die Dramatisierung des Politischen

PERSÖNLICHKEIT UND GESCHICHTE

Band 171

MUSTER-SCHMIDT VERLAG GLEICHEN · ZÜRICH

Detlev Mares

Margaret Thatcher

Die Dramatisierung des Politischen

MUSTER-SCHMIDT VERLAG GLEICHEN · ZÜRICH

PERSÖNLICHKEIT UND GESCHICHTE

Biographische Reihe im Muster-Schmidt Verlag
Begründet von Prof. Dr. Günther Franz

Herausgegeben von Prof. Dr. Detlef Junker

Detlev Mares

Detlev Mares ist wissenschaftlicher Mitarbeiter am Institut für Geschichte der Technischen Universität Darmstadt. Er studierte Geschichte, Politikwissenschaft und Philosophie an den Universitäten Trier, Aberdeen, Warwick, Köln und der London School of Economics and Political Science. Seine Interessenschwerpunkte liegen auf der britischen und deutschen Geschichte des 19. und 20. Jahrhunderts. Auswahl aus den Publikationen: *Das Jahr 1913. Aufbrüche und Krisenwahrnehmungen am Vorabend des Ersten Weltkriegs*, Bielefeld 2014 (hg. mit Dieter Schott); *Selbstmobilisierung der Wissenschaft. Technische Hochschulen im „Dritten Reich"*, Darmstadt 2010 (hg. mit Noyan Dinçkal und Christof Dipper); *Auf der Suche nach dem „wahren" Liberalismus. Demokratische Bewegung und liberale Politik im viktorianischen England*, Berlin 2002.

Titelbild: Margaret Thatcher während einer Pressekonferenz am 8. Juni 1987
© Corbis Images

Bibliographische Information der Deutschen Bibliothek.
Die Deutsche Bibliothek verzeichnet diese Publikation in der Deutschen Nationalbibliographie; detaillierte bibliographische Daten sind im Internet über http://dnb.ddb.de abrufbar.

ISBN 978-3-7881-0171-8

2. aktualisierte Auflage 2018

Verlagsgesellschaft Hans Hansen-Schmidt mbH · Gleichen · Zürich
www.muster-schmidt.de
Gesamtherstellung: Verlagsgesellschaft Hans Hansen-Schmidt mbH, Gleichen
Printed in Germany

Inhaltsverzeichnis

I.

Die Dramatisierung des Politischen

Es wäre ein Leichtes, die Geschichte der Margaret Thatcher als Heldenepos zu schreiben: Eine aus einfachen Verhältnissen stammende Krämerstochter arbeitet sich gegen Widerstände im männlich dominierten Establishment bis an die Spitze der Regierung vor, erweckt quasi im Alleingang durch Energie und Beharrlichkeit ihr Land aus einer quälenden Zeit des Niedergangs zu neuem Selbstbewusstsein und verkündet eine Heilslehre, deren klare ökonomische und moralische Prinzipien Grundlage eines wiedererlangten Wohlstands werden.

Ebenso gut ließe sich die Biographie anlegen als Schurkenstück: Eine rechthaberische Egomanin setzt skrupellos die Lehren einer simplifizierenden Wirtschaftsideologie in die Praxis um, weigert sich, die fatalen sozialen Folgen ihres Tuns zur Kenntnis zu nehmen, hinterlässt ein zerrissenes, polarisiertes Land und geriert sich außenpolitisch als Kriegerin, die engstirnig nur die Interessen ihres eigenen Landes im Blick hat und nicht vor der Anwendung militärischer Gewalt zurückschreckt.

Beide Geschichten haben ihre Berechtigung. Beide sind bereits erzählt worden. Diese polarisierende Erinnerung an Großbritanniens erste Premierministerin reflektiert die Frontlinien und Verletzungen der politischen Auseinandersetzungen ihrer Regierungszeit. Noch fast ein Vierteljahrhundert nach dem Ausscheiden aus dem Amt flammten Verehrung und Hass bei ihrem Tod 2013 auf: Neben respektvollem Gedenken und Würdigung der Retterin der Nation standen spontane Jubelfeiern beim Eintreffen der Todesnachricht und Streit, ob ihr ein Staatsbegräbnis gewährt werden solle.

In einem ungewöhnlichen Ausmaß hat Thatcher selbst diese konfrontative Sicht auf ihre Person befördert. Sie präsentierte sich als eine Überzeugungspolitikerin, die unangenehme Wahrheiten ausspreche, schale Kompromisse ablehne und in ihrem Handeln entsprechend konsequent vorgehe. In ihren Reden verwarf sie den grundlegenden politischen Konsens zwischen den britischen Parteien, der ab den 1950er Jahren den Aufbau des Sozialstaats und die Verstaatlichung von Schlüsselindustrien getragen hatte. Stattdessen proklamierte sie ein nationales Regenerationsprogramm, das politisches Handeln überhöhte zu einem Entscheidungskampf zwischen Gut und Böse um den richtigen Weg ihres Landes aus den Niederungen eines ökonomischen und politischen Abstiegs hin zu erneuerter historischer Größe.

Mit Blick auf die Außenpolitik bezeichnete der Historiker John Lewis Gaddis die britische Premierministerin sowie ihre Zeitgenossen Ronald Reagan und Johannes Paul II. als politische „Schauspieler", die den Kalten Krieg auf die Spitze getrieben und dadurch die Sowjetunion in die Knie gezwungen hätten. Wie immer man diese Rollenzuschreibung und ihre Effekte bewerten mag – im Falle Thatchers spiegelte die außenpolitische Pose der Kalten Kriegerin eine innenpolitische Konfrontationsfreude, die wesentlich für ihren Erfolg war. Die „Überzeugungspolitikerin" vermittelte den Bürgerinnen und Bürgern glaubhaft das Gefühl, Teil einer großen prinzipiellen Auseinandersetzung um das Wohl der Nation jenseits des alltäglichen Klein-Klein der Politik zu sein.

Es wäre jedoch falsch, in dieser Dramatisierung des Politischen lediglich inszenatorische Schachzüge am Werk zu sehen. Die politische Überzeugungskraft Thatchers beruhte auf der Übereinstimmung von Programm und Persönlichkeit: Schon früh fiel ihre Entschlossenheit bei der Durchsetzung einmal als richtig erkannter Positionen auf, gelegentlich gesteigert bis zu einer Unerbittlichkeit, die in Kompromisslosigkeit und persönliche Härte münden konnte. Ihre Entscheidungen verursachten persönliche Dramen, die alles andere als bloßer Theaterdonner waren; die sozialen Folgen ihrer Wirtschaftspolitik traumatisierten ganze Regionen ihres Landes, viele Menschen sahen ihre Lebensentwürfe durch Thatchers Maßnahmen auf den Kopf gestellt. Es lässt sich also nicht behaupten, Thatchers Politik sei nur Stil ohne Substanz gewesen – Stil, Rhetorik und Imagepolitik waren untrennbar mit der Substanz ihrer Politik verbunden. Eine Persönlichkeit, die zum Denken und Handeln in Antagonismen neigte, verband sich mit einer Programmatik, die Politik als Konflikt zwischen grundlegenden Gegensätzen gestaltete. Der Beiname „Eiserne Lady" erschien Freund und Feind unmittelbar plausibel.

Doch auch wenn das Bild der energischen Überzeugungspolitikerin Eigen- und Fremdwahrnehmung in seltener Einmütigkeit verband, bedarf es doch der Einschränkung. Neben der Prinzipienfestigkeit enthielt Thatchers Politik stets einen gehörigen Schuss Pragmatismus, der um so sichtbarer wird, je mehr neben den programmatischen Verlautbarungen das Regierungshandeln in den Blick genommen wird. Dieses war – wie gerade die ersten Regierungsjahre zeigten – keine schematische Umsetzung einer vorformulierten Programmatik oder gar Ideologie, sondern es entwickelte sich in Auseinandersetzung mit den Anforderungen des Regierungsalltags. Ebenso wie die Proklamation von Prinzipien kennzeichnete Thatchers Politik diese Orientierung am Machbaren. Entgegen der von Freund und Feind gestalteten Legende agierte Thatcher häufig vorsichtiger und umsichtiger, gelegentlich auch widersprüchlicher, als ihr Image dies vermuten ließ. Die Dramatisierung des Politischen war ein Charakterzug und ein maßgeblicher Faktor ihrer Politik, konnte aber gelegentlich auch als Deckmantel für Moderation und Zurückhaltung dienen. In der öffentlichen Wahrnehmung jedoch dominierte eine Dramatik, die sich aus dem Einklang von Denken, Inszenierung und dem Handeln an schicksalhaften Wendepunkten, wie dem Falkland-Krieg, ergab. Wie Thatcher dieses Drama gestaltete, ist Kern der folgenden Darstellung. Am Ausgangspunkt von Leben und Legende stehen ihre Geburtsstadt und ihr Vater.

II.

Vom Krämerladen zum Parteivorsitz – Stationen des Aufstiegs

Grantham in Mittelengland war eine eher unattraktive Provinzstadt mit ungefähr 20.000 Einwohnern, als der Kaufmannsgehilfe Alfred Roberts dort im Jahr 1919 zusammen mit seiner Frau Beatrice sein eigenes Lebensmittelgeschäft eröffnete. In der Wohnung über dem Laden wurde am 13. Oktober 1925 Margaret Hilda Roberts als jüngere von zwei Töchtern geboren.

Alfred und Beatrice Roberts kamen aus einfachen Verhältnissen – er war Spross einer Schusterfamilie, sie Tochter eines Garderobenbediensteten bei der Bahn. Doch Alfred war ehrgeizig. Seinen Wunsch, Lehrer zu werden, hatte er sich versagen müssen, weil er früh zum Familieneinkommen beitragen musste. Nun führte er sein Geschäft in wenigen Jahren zum Erfolg. Zum Zeitpunkt der Geburt seiner zweiten Tochter hatte er bereits eine weitere Niederlassung im Ort eröffnet und war im Begriff, die Ladenfläche des Hauptgeschäfts zu vergrößern.

Als seine Tochter Margaret am 4. Mai 1979 als Premierministerin des Vereinigten Königreichs von Großbritannien und Nordirland ihren Amtssitz in No. 10 Downing Street bezog, pries sie ihren Heimatort und den Anteil des 1970 verstorbenen Vaters an ihrem politischen Erfolg: „Ich verdanke fast alles meinem Vater. […] Er hat mich dazu gebracht, all die Dinge zu glauben, die ich glaube, und dies sind genau die Werte, auf deren Grundlage ich den Wahlkampf geführt habe. Und es ist von leidenschaftlichem Interesse für mich, dass die Dinge, die ich in einer kleinen Stadt, in einem sehr bescheidenen Heim, gelernt habe, genau die Dinge sind, von denen ich glaube, dass sie die Wahl gewonnen haben.“ Die Mutter erwähnte sie nicht.

Unschwer lassen sich die Einflüsse des Elternhauses und insbesondere des dominierenden Vaters in der späteren Lebenseinstellung der Tochter wiederfinden. Der Geschäftseifer des Vaters bot ein Vorbild an Hingabe und Pflichterfüllung. Der Laden hatte lange Öffnungszeiten, die Eltern standen trotz der Beschäftigung einiger Angestellter die meiste Zeit selbst hinter der Theke. Es galt, in Einkauf und Verkauf der Waren sorgsam zu wirtschaften und Schulden zu vermeiden, wollte man sich finanziell nicht überheben. Der Vater war aber mehr als nur Geschäftsmann – seine Haltung gegenüber der Welt speiste sich aus autodidaktischem Bildungsstreben und einem starken religiösen Antrieb. Die Familie bekannte sich zum Wesleyanischen Methodismus, einer bei erfolgreichen Geschäftsleuten der Mittelschicht verbreiteten Form des Nonkonformismus, die besonderen Wert auf Pflichterfüllung, Selbstdisziplin und harte Arbeit legte. Zeitverschwendung und Frivolität galten als verwerflich, das fromme Leben orientierte sich an aus der Bibel gewonnenen Leitsätzen. Der Vater genoss einen ausgezeichneten Ruf als Laienprediger und ein hohes Ansehen in der Kirchengemeinde. Die Sonntage der Familie standen ganz im Zeichen der Religion, mit Kirchgang, Sonntagsschule und erbaulicher Musik. Zudem entsprach man dem Gebot christlicher Nächstenliebe durch karitative Zuwendungen an die Bedürftigen des Ortes, womöglich mit einem gelegentlichen Anflug moralischer Herablassung gegenüber den Sündern, die ihr Leben nicht nach einem so rigorosen Kanon gestalteten wie die fromme Familie selbst.

Verantwortungsbewusstsein, Selbstwertgefühl und das Ansehen als Geschäftsmann und Laienprediger bildeten auch den Hintergrund für die kommunalpolitische Tätigkeit des Vaters. Von 1927 bis 1950 war er Mitglied des Stadtrats, zudem 1945–46 turnusgemäß Bürgermeister, in dessen Amtszeit die Beseitigung der Kriegszerstörungen in Grantham fiel. Als er 1950 im Zuge einer Politisierung des kommunalen Honoratiorentums aus dem Stadtrat gedrängt wurde, empfand dies nicht nur die Tochter als respektlos gegenüber dem angesehenen Bürger.

Viele Eigenschaften des Vaters finden sich auch bei der Tochter. Als Schülerin eines lokalen Mädchengymnasiums, in das sie 1936 eintrat, zeichnete sie sich durch einen scharfen Verstand, vor allem aber durch Strebsamkeit und Sorgfalt bei der Erledigung aller Aufgaben aus. Sie verinnerlichte früh Werte wie Selbstdisziplin und Arbeitseifer, die sie bei ihrer Regierungsübernahme als Schlüssel des Erfolgs pries. Zeitlebens blieb sie getrieben von einem Arbeitsethos, das sie zu einer der fleißigsten Politikerinnen ihrer Zeit machte. Kaum jemals war einer ihrer Kollegen am Kabinettstisch besser auf ein Thema vorbereitet als sie. Der Vater lehrte sie überdies, selbstbewusst an unpopulären Ansichten festzuhalten, auch wenn dies Kritik von außen eintragen mochte. Margaret konnte diesen Glauben an die Richtigkeit der eigenen Überzeugungen in der politischen Tätigkeit des Vaters beobachten, und früh reifte in ihr der Wunsch, selbst politisch aktiv zu werden.

Doch trotz des unbestreitbaren Vorbilds, das Alfred Roberts seiner Tochter in vielerlei Hinsicht war, betrieb Thatcher durch das Lob des Vaters und der von ihm verkörperten Werte zugleich eine Legendenbildung, die sie in ihren Memoiren kanonisierte. Die von ihr geschilderte bescheidene Herkunft war zumindest nicht ärmlich gewesen. Die Familie hatte es in Grantham zu einem soliden Wohlstand gebracht. Eher als ökonomische waren es religiöse Gründe, die Alfred Roberts zu einer äußerst sparsamen Haushaltsführung trieben. Auch wenn Margaret ihre Jugend in der Rückschau zum Idyll eines materiell reduzierten, aber innigen Familienlebens verklärte, dürften sie und ihre Schwester Muriel häufig am strikt reglementierten Lebenswandel gelitten haben. Die Vergnügungen der Heranwachsenden spielten sich vornehmlich im kirchlichen Umfeld ab, gelegentliche Kinobesuche und neue Kleider boten zwar etwas Abwechslung, waren aber allenfalls in einem äußerst beschränkten Rahmen erlaubt. Neben der religiösen Rigorosität der Familie warf der Zweite Weltkrieg einen Schatten auf die Jugend. Grantham war wegen dort ansässiger Munitionsfabriken ein häufiges Ziel deutscher Bombenangriffe; der Krieg prägte den politisch wachen Teenager, der wenige Tage nach der Kapitulation Polens seinen vierzehnten Geburtstag feierte. Ein selbstverständlicher, abwehrbereiter Patriotismus, der in der Familie ohnehin gepflegt wurde, verfestigte sich durch den Krieg und eine daraus erwachsene Churchill-Verehrung zu einer unhinterfragten Konstante in Thatchers politischem Denken.

Das Bild, das die erwachsene Margaret Thatcher von ihrer Kindheit und Jugend malte, zeigt daher nur die halbe Wahrheit. So bleibt auffällig, dass Beatrice Roberts in der Schilderung des einträchtigen Familienlebens kaum erwähnt wird. Manche Autoren vermuten einen Mangel an mütterlicher Wärme und Versagensängste der Tochter angesichts des übermächtigen Vaters, die Margaret zu ständig neuen Höchstleistungen antrieben und später auch für die Unnachgiebigkeit ihres politischen Auftretens verantwortlich zeichneten. Dies muss jedoch psychologische Spekulation bleiben. Unübersehbar ist allerdings, dass die rückblickende Idealisierung des Vaters durch Margaret Thatcher alle Aspekte ausblendete, die nicht zu den Regierungsmaximen der neu ins Amt gekommenen Premierministerin passten. Bezeichnenderweise „entdeckte" sie die prägenden Einflüsse ihrer Herkunft auf ihre Politik erst, als die Geschichte vom Aufstieg des zielstrebigen Mädchens aus einfachen Verhältnissen ein politisch nützliches Erzählmuster wurde. Die in Thatchers Darstellung fehlende Hälfte der Wahrheit zeigt eine junge Frau, die offenkundig froh war, der Enge des Elternhauses und der Provinz entrinnen zu können; die sich nach ihrer Zeit an der Universität von ihrer religiösen Herkunft entfernte und zur weniger rigorosen Anglikanischen Kirche abwanderte; die Sprechunterricht nahm, um sich einen gehobeneren Akzent zuzulegen.

Auch zwischen Thatchers politischen Überzeugungen und dem väterlichen Erbe gab es augenfällige Diskrepanzen. Der für das Wohl der Gemeinde aktive Alfred Roberts wäre vermutlich entsetzt gewesen über das anhaltende Bestreben der Premierministerin Thatcher, die Selbstständigkeit der Lokalverwaltungen zu untergraben; der Verächter der Börse hätte die Freisetzung kapitalistischer Energien durch den Thatcherismus wohl eher bedauert, und es darf bezweifelt werden, dass der methodistische Laienprediger in der

Konsumgesellschaft der achtziger Jahre viele Beispiele für ein gottgefälliges Leben gefunden hätte. In diesen Differenzen deutet sich der Unterschied zwischen den konservativen Werten des Vaters und einem wesentlich radikaleren Konservatismusverständnis der Tochter an, die die bestehende Gesellschaft nicht bewahren, sondern transformieren wollte. Der Biograph John Campbell hat Thatchers Idealisierung von Krämerladen, Familienzusammenhalt und kleinstädtischer Gemeinschaft daher als Deckmantel für eine Politik bezeichnet, die gerade die beschworenen Werte durch eine zunehmende gesellschaftliche Fragmentierung in Frage stellte. Doch kennzeichnend für Thatchers Politik blieb eher der unaufgelöste Widerspruch zwischen dem Glauben an die verfochtenen Werte und deren Unterhöhlung durch ihren Transformationsimpetus.

Thatchers Emanzipation vom Elternhaus begann mit dem Studium. Die Achtzehnjährige trat 1943 in das Somerville College in Oxford ein, wo sie bis 1947 Chemie – eines ihrer zuvor besten Schulfächer – studierte. Sie war später stolz darauf, eine der wenigen Personen in der Politik mit einem naturwissenschaftlichen Hintergrund zu sein. Dennoch betrieb sie ihr Fach eher aus Pflichtgefühl als aus Leidenschaft. Diese gehörte mehr denn je der Politik. Unmittelbar nach Studienbeginn trat die Churchill-Verehrerin der Konservativen Vereinigung an der Universität Oxford bei, zu deren Präsidentin sie es 1946 brachte. In dieser Funktion zeichnete sie sich durch Engagement und organisatorisches Geschick aus, fiel aber nicht durch politische Positionen auf, die vom konservativen Mainstream abgewichen wären. In den Erinnerungen ihrer Mitstreiter blieb sie eher blass, nur wenige hätten in der adretten, emsigen, aber offenbar auch etwas faden Kommilitonin eine zukünftige Premierministerin vermutet. Die Stars in konservativen Studierendenkreisen waren andere, männliche Mitglieder der Vereinigung. Dies lag nicht zuletzt daran, dass die Oxford Union – ein Debattierclub, in dem sich aufstrebende politische Talente hervortun konnten – Frauen nicht zuließ. Margaret Roberts war damit vom lebhaftesten Forum politischer Diskussion ausgeschlossen. Eine spätere Legendenbildung machte sie damit zur Außenseiterin, die ihren Aufstieg jenseits der männlichen Machtkartelle suchen musste. Doch dies stimmt nur bedingt. Die ehrgeizige Präsidentin der konservativen Studentenvereinigung nutzte ihr Amt, um Erfahrungen in der politischen Arbeit zu sammeln. Sie lud Parteigrößen und vielversprechende Nachwuchspolitiker zu Vorträgen ein, übte sich im Halten von Ansprachen und kehrte 1945 kurzzeitig nach Grantham zurück, um den dortigen konservativen Kandidaten im Parlamentswahlkampf zu unterstützen. Bei dieser Gelegenheit hielt sie auch ihre erste öffentliche Rede.

Besonders beeindruckten sie die Parteitage der Konservativen, an denen sie 1946 erstmalig teilnahm. Sie kam in Kontakt mit der Parteibasis, die ihre Meinungen offener und ungefilterter zum Ausdruck brachte als die stärker taktierenden nationalen Parteigrößen. Margaret Roberts teilte viele der Impulse und Auffassungen der einfachen Delegierten; eine ihrer späteren Stärken als Premierministerin war ihre Fähigkeit, die Wünsche und Anliegen der Parteimitglieder mit feinem Sensorium zu erkennen und sich als deren politische Inkarnation zu präsentieren. Nach ihrem Sturz war sie überzeugt, eine Abstimmung auf einem Parteitag statt nur unter den konservativen Parlamentsabgeordneten hätte sie gewonnen – eine bei aller Selbstrechtfertigung nicht völlig abwegige Annahme.

Nach ihrem Studienabschluss 1947 musste Margaret Roberts zunächst ihren Lebensunterhalt als Chemikerin verdienen. Sie erhielt eine Anstellung in der Forschungsabteilung der Firma BX Plastics bei Colchester, wo sie an der Entwicklung PVC-tauglicher Klebstoffe arbeitete. Damit kam sie in den Einzugsbereich der Metropole London. Über die kommenden Jahre hinweg eignete sich die junge Frau aus der mittelenglischen Provinz zunehmend in Kleidung, Sprache und Lebensstil einen südenglisch-suburbanen Habitus an, der ihre Herkunft aus Grantham bald vergessen ließ. Ihre Heimatstadt und ihre Eltern besuchte sie fortan nur noch selten.

Auch während ihrer Tätigkeit als Chemikerin änderte sich nichts an ihrem unbedingten Willen zur Politik. In Colchester stürzte sie sich sofort in die lokalen Aktivitäten der Konservativen Partei. Dennoch deutete wenig auf die gewünschte politische Karriere hin, bis ihr – wie sich zeigen sollte, nicht zum einzigen Mal in ihrem Leben – ein glücklicher Zufall zu Hilfe kam. Auf dem Parteitag der Konservativen von 1948 lernte die Dreiundzwanzigjährige den Wahlkreisvorsitzenden aus Dartford im Südosten Londons kennen. Dieser suchte händeringend nach einem Parlamentskandidaten für den aussichtslosen Wahlkreis, den die Labour Party stets mit großem Vorsprung gewann. Trotz anfänglicher Vorbehalte gegenüber einer jungen Frau überzeugte Margaret Roberts die lokalen Parteimitglieder rasch, dass sie die geeignete Kandidatin war, um im Wahlkampf für Aufmerksamkeit zu sorgen. In ihrer Vorstellungsrede pries sie zur Freude der Zuhörer die imperiale Vergangenheit Großbritanniens, punktete aber auch schon mit einem Gedanken, der sie durch ihre gesamte politische Karriere begleiten sollte: Der Staat solle sein Budget nach denselben Prinzipien führen wie eine gewissenhafte Hausfrau die Familienfinanzen.

Am 28. Februar 1949 nominierten die Konservativen des Wahlkreises Dartford Margaret Roberts als Kandidatin für die nächste Parlamentswahl. Doch damit nicht genug: Anwesend im Publikum war ein zehn Jahre älterer, geschiedener Mann, der es als Erbe und Manager einer Farben produzierenden Firma zu Wohlstand gebracht hatte – Denis Thatcher. Er fuhr die frisch gekürte Kandidatin in der Nacht mit seinem Auto nach London, wo sie den Zug nach Colchester erreichen musste. Die Hochzeit fand – nach einigen romantischen Irrungen und Wirrungen, denn Liebe auf den ersten Blick war es nicht – am 13. Dezember 1951 statt. Damit begann eine Partnerschaft, die Margaret Thatcher bis zu Denis' Tod 2003 in allen Karrierephasen emotionalen, aber auch finanziellen Rückhalt gab. Früh akzeptierte der Ehemann trotz einiger kleinerer innerfamiliärer Scharmützel die politischen Ambitionen seiner Frau, während er seine unternehmerische Karriere verfolgte. 1965 verkaufte er seine Firmenanteile, arbeitete aber weiter als Manager, bis er sich 1975 weitgehend aus dem aktiven Geschäft zurückzog. Fortan gab er in der Öffentlichkeit den gutmütigen Gefährten an der Seite der Eisernen Lady, während kaum wahrgenommen wurde, wie wichtig sein eigener beruflicher Erfolg als Rückhalt für deren Aufstieg gewesen war.

Mit der Kandidatur in Dartford verlagerte Margaret Roberts ihren Lebensmittelpunkt in den Südosten Londons. Sie fand eine neue Anstellung als Lebensmittelchemikerin bei einer Firma im Londoner Stadtteil Hammersmith, was den Zeitaufwand für das Pendeln zwischen Arbeit und Wahlkreis reduzierte. Mit Feuereifer nahm sie ihre Wahlkreisarbeit auf und zeigte ein außergewöhnliches Maß an Einsatz, um möglichst viele potentielle Wähler zu erreichen. Ungewöhnlich für eine Konservative besuchte sie Fabriken, fuhr mit einem Lautsprecherwagen durch den Ort und soll in zwei Fällen sogar als Bardame in Herrenclubs angeheuert haben, zu denen sie als Frau sonst keinen Zutritt erhalten hätte. Die Zahl der lokalen Parteimitglieder stieg merklich an. Wie vorauszusehen, konnte sie den Parlamentssitz weder in den Wahlen 1950 noch 1951 gewinnen. Den Stimmenvorsprung des Labour-Kandidaten hatte sie aber deutlich reduziert – ein Erfolg, der über die Grenzen des Wahlkreises hinaus aufhorchen ließ und sie in der konservativen Parteizentrale für weitere Aufgaben empfahl.

Dennoch folgte kein sofortiger politischer Aufstieg. Noch 1950 entschied sich Margaret Roberts, einen bereits länger gehegten Plan auszuführen und ein Jura-Studium aufzunehmen, da ihr dies für eine politische Karriere vorteilhaft zu sein schien. Sie gab dafür ihre Anstellung in Hammersmith auf, obwohl sie sich erst ab der Ehe mit Denis Thatcher keine finanziellen Sorgen mehr zu machen brauchte. Im August 1953 brachte sie die Zwillinge Mark und Carol zur Welt, im Dezember desselben Jahres bestand sie ihre Jura-Prüfung.

Die politischen Ambitionen traten hinter den beruflichen und familiären Anforderungen zunächst zurück. Auch diese ließen sich später allerdings als Bausteine des Thatcher-Mythos nutzen – sie stützten das Image der Powerfrau, die nicht nur ein Jura-Studium im Eiltempo absolvierte, sondern sogar ihre Familiengründung effizient durch die Geburt von Zwillingen beiderlei Geschlechts in kürzester Zeit abschloss. Zur Legende gehörte auch das Bild der arbeitenden Mutter, die trotz ihrer beruflichen und politischen Verpflichtungen die Kinder aufzog wie jede andere Hausfrau aus bescheidenen Verhältnissen. Seltener erwähnt wurde die Nanny, deren Beschäftigung auf die finanziell privilegierte Situation der jungen Familie verweist.

Sechs Jahre lang arbeitete Thatcher als Anwältin mit dem Spezialgebiet Steuerrecht. Zugleich behielt sie ihre politische Karriere im Blick. Durch den Beitritt zu einer konservativen Juristenvereinigung wob sie weiter am Netzwerk politischer Kontakte, zugleich bemühte sie sich um einen neuen Wahlkreis. Mehrere Versuche scheiterten, gelegentlich an lokalen Platzhirschen, gelegentlich aber auch an Vorbehalten traditionalistischer (auch weiblicher) Parteimitglieder gegenüber der Kandidatur einer Frau und Mutter, der sie die Vereinbarkeit von Familie und Abgeordnetentätigkeit nicht zutrauen wollten. Belohnt wurde Thatchers Beharrlichkeit im Juli 1958 mit der Nominierung für den Wahlkreis Finchley. Erneut hatte es Widerstände gegen eine weibliche Kandidatur gegeben, doch Thatcher überzeugte das Auswahlgremium durch einen souveränen Auftritt, mit einer frei gehaltenen Rede und prägnanten Antworten auf Nachfragen aus dem Publikum.

Finchley bot die lang ersehnte Chance auf den Einzug ins Parlament. Der Wahlkreis im Norden Londons war wohlhabend, städtisch geprägt mit einem signifikanten jüdischen Bevölkerungsanteil – und fest in konservativer Hand. Diesmal hatte Thatcher etwas mehr Zeit, ihre Aktivitäten zu entfalten, denn erst im Oktober 1959 fand die nächste Parlamentswahl statt. Thatcher gewann ihren Wahlkreis mit einem außerordentlichen fünfstelligen Vorsprung an Stimmen.

Im Parlament war Thatcher die jüngste von nur zwölf Frauen unter den 345 Abgeordneten der konservativen Regierungspartei. Wie schon bei ihren Parlamentskandidaturen sicherte ihr das ein wesentlich höheres Maß an öffentlicher Aufmerksamkeit als der unsichtbaren Mehrzahl der männlichen Hinterbänkler. Auch im Parlament begegnete sie Vorbehalten und männlicher Herablassung gegenüber der jungen Kollegin, die ein so wichtiges Zentrum sozialer Netzwerkbildung wie das Raucherzimmer des Unterhauses mied. Dennoch gelang es ihr auch im parlamentarischen Umfeld bald, gönnerhaftes Schulterklopfen in erste Zeichen erstaunter

Anerkennung zu verwandeln. Sowohl die Mühen der Wahlkreisarbeit als auch die Anwaltstätigkeit hatten ihre Debattierfähigkeit geschult und bewiesen, dass sie die Aufmerksamkeit eines Publikums fesseln konnte. Auch im Parlament fiel innerhalb weniger Jahre ihre Kombination aus Detailkenntnis, Selbstbewusstsein und Überzeugungskraft auf, wenn sie in Fragestunden oder – eher selten – in Reden ihre Beherrschung technischer Details aus verschiedenen Ressorts bewies. Schon früh zeigten sich auch die Schattenseiten ihres Auftretens: Manchen Kollegen galt sie als schwierig, rechthaberisch, starrsinnig. Doch für ihre Karriere überwogen die positiven Effekte: Eine Partei, der es an jungen und weiblichen Gesichtern mangelte, kam bei der Ämtervergabe an einer kompetenten, hart arbeitenden, stets attraktiv herausgeputzten und überzeugend argumentierenden Jungparlamentarierin kaum vorbei. Dies begünstigte ihren Aufstieg im Wechsel der Regierungs- und Oppositionszeiten der Tories, zumal es ihr gelang, sich geschickt im politischen Spektrum der Partei auf dem rechten Flügel zu positionieren.

Dies war bereits bei ihrem ersten großen Auftritt im Parlament der Fall. Thatcher hatte das Glück, ihre Jungfernrede 1960 zum Einbringen einer eigenen Gesetzesvorlage nutzen zu können, die den Einfluss von Gewerkschaften auf kommunalpolitische Entscheidungen beschränken sollte, auch wenn die Maßnahme als Gesetz zur Öffnung von Stadtratssitzungen für die Presse getarnt war. Die Vorlage wies schon auf spätere Kämpfe der Premierministerin voraus, doch noch musste sie es trotz eines harten Ringens mit der zuständigen Ministerialbürokratie zulassen, dass die ursprünglichen Intentionen des Gesetzes im parlamentarischen Verfahrensablauf vielfach verwässert wurden, wenn die Vorlage nicht scheitern sollte. Umgekehrt ging sie ein Jahr später – das einzige Mal in ihrer Abgeordnetenkarriere – so weit, gegen die Mehrheit der eigenen Regierungsfraktion zu stimmen, als sie für die Einführung körperlicher Bestrafungen bei jungen Kriminellen eintrat. Damit sprach sie einer Mehrheit der Parteibasis aus dem Herzen, die in der jungen Abgeordneten ihre Repräsentantin sehen konnte.

Allein schon aus Gründen der innerparteilichen Machtbalance ließ die Beförderung einer jungen Frau des rechten Parteiflügels nicht lange auf sich warten. 1961 zählte Thatcher zu den ersten Mitgliedern ihres Abgeordnetenjahrgangs, die einen Posten im Regierungsapparat erhielten: Premierminister Macmillan ernannte sie zur parlamentarischen Unterstaatssekretärin im für Pensionen und Gesundheit zuständigen Ministerium. Erstmals überhaupt war damit eine Mutter mit Kindern im schulpflichtigen Alter mit einem – wenn auch nachrangigen – Regierungsamt versehen worden.

Thatchers Position war alles andere als glamourös – sie verlangte die Bearbeitung von Detailanfragen zu versicherungstechnischen Zweifelsfällen. Von der Amtsinhaberin wurde nicht viel Einsatzfreude erwartet, zudem handelte es sich um eines der typischen, von Thatcher selbst eher geschmähten sozialpolitischen Aufgabenfelder, die gerne an Frauen vergeben wurden. Doch mit ihrer üblichen Gewissenhaftigkeit nutzte sie ihre Tätigkeit, um in einem Kernbereich der wohlfahrtsstaatlichen Verwaltung Expertenkenntnisse zu erwerben, die ihr noch als Premierministerin zugute kommen sollten.

Nach der konservativen Wahlniederlage 1964 folgten zunächst ähnlich nachrangige Aufgaben im Umfeld des Schattenkabinetts in den Bereichen Pensionen, Wohnungsbau und Finanzen. Mit ihrer scharfen, stets durch Sachkenntnis unterfütterten Debattierkunst setzte Thatcher die Regierung gekonnt unter Druck; insbesondere als Sprecherin für Finanzfragen bewährte sie sich in einem Politikfeld, das nicht als typisch „weiblich“ galt. Angesichts solcher Erfolge stand schon 1966 ihre Berufung in die vorderste Riege des Schattenkabinetts zur Diskussion, doch der neue Parteivorsitzende Edward Heath zögerte: Thatcher war die fähigste Kandidatin für eine solche Beförderung – aber würde man diese bei allen Qualitäten anstrengende Frau jemals wieder loswerden können? In der Tat: Nach ihrer Aufnahme ins Schattenkabinett im Folgejahr blieb Thatcher bis zu ihrem Sturz 1990 durchgehend in Führungspositionen der Partei oder Regierung. Im Schattenkabinett übernahm sie zunächst die Verantwortung für Energiefragen, es folgten Transport, Bildung und Wissenschaft. Nach dem Wahlsieg der Konservativen

1970 wurde Thatcher Bildungsministerin im Kabinett unter Premier Edward Heath.

In den Jahren der Opposition hatte sich Thatcher durch schneidende Attacken auf die Regierung profilieren können, zudem hatte sie immer wieder ihre Zugehörigkeit zum rechten Parteiflügel angedeutet. In gesellschaftlichen Fragen präsentierte sie sich als Verfechterin konservativer Werte wie Ehe und Familie, aber auch als Befürworterin der Todesstrafe; im Kampf gegen Steuererhöhungen der Labour-Regierung vertrat sie wirtschaftsliberale Positionen, die auf einen „kleinen" Staat, niedrige Steuern und ungehindertes Unternehmertum abzielten. Auch wenn sich damit bereits die Grundlinien ihres späteren nationalen Regenerationsprogramms zeigten, folgte sie in Abstimmungen und öffentlichen Äußerungen weitgehend der Parteilinie, die eine aktivistischere Wirtschaftspolitik vorsah und der sie durch ihre Einbindung in das Führungsteam der Konservativen verpflichtet war. Sie nahm kaum Einfluss auf die Formulierung der grundsätzlichen Ausrichtung der Partei, sondern konzentrierte sich auf ihren jeweiligen Arbeitsbereich und die Angriffe auf die Labour Party. Diese Strategie behielt sie als Bildungsministerin bei, auch wenn nun sie diejenige war, die sich gegen die Opposition verteidigen musste.

Das Bildungsministerium war ein undankbares Ressort. Viele Entscheidungen bei der Ausgestaltung des Schulwesens oblagen kommunalen Gremien, die Regierung konnte meist nur über die Zuteilung oder Verweigerung von Ressourcen operieren. Zudem tobte ein heftiger Streit über die Einführung von Gesamtschulen. Als Befürworterin von Wahlfreiheit und Leistungsdenken neigte Thatcher zur Beibehaltung der bestehenden Gymnasien, in denen sie diese Prinzipien eher verwirklicht sah, doch die Gesetzeslage überließ es den Kommunen, für welche Schulform sie optierten. Die Bildungsministerin bestätigte die Anträge auf Einrichtung von Gesamtschulen ohne erkennbare Versuche, die Umstellung auf die neue Schulform prinzipiell zu unterlaufen. Von 3600 Anträgen lehnte sie lediglich 325 ab. Kein anderer Bildungsminister bewilligte mehr Gesamtschulen als sie.

Thatcher konzipierte zudem ein groß angelegtes Schulbauprogramm, dessen Kosten sich nur schwer mit ihren sonstigen Rufen nach geringer Staatsaktivität und Steuersenkungen vereinbaren ließen. Die Ministerin focht das nicht an. Sie war wie ihre Kabinettskollegen bestrebt, möglichst viele Ressourcen für ihr Ressort zu gewinnen, und agierte gemäß der Logik des bestehenden Systems, ohne dieses grundsätzlich in Frage zu stellen. So widersetzte sie sich 1971 zunächst auch der Vorgabe des Finanzministeriums, als Sparmaßnahme die freie Zuteilung von Milch an Grundschüler zu streichen. Im Gerangel zwischen den Ministerien gelang es ihr sogar, die Kürzung auf die älteren Jahrgänge zu beschränken. Dennoch musste sie als zuständige Ministerin in der Öffentlichkeit für die Reduzierung der Milchzuteilung geradestehen. Ironischerweise wurde diese von ihr nur halbherzig vertretene Regelung zum ersten großen Fiasko ihrer politischen Karriere. Ernährungsexperten, Lehrerverbände, Elterninitiativen machten gegen die Ministerin mobil, schnell war die Parole „Thatcher – the Milk Snatcher“ [Thatcher – die Milch-Diebin] geboren. Das Boulevard-Blatt *The Sun* erklärte Thatcher im November 1971 zur unpopulärsten Frau Großbritanniens. Der Premierminister musste persönlich eingreifen, um seine Ministerin zu stützen. In der Folgezeit bemühte sich Thatcher, ihr öffentliches Image zu reparieren und sich aus kontroversen Diskussionen herauszuhalten.

Die konservative Wahlniederlage im Februar 1974 brachte mit dem Abschied vom Ministerium die Rückkehr zu Funktionen im Schattenkabinett. Thatcher war zunächst Schattenministerin für Umwelt (ein Ressort, das trotz seiner Bezeichnung in erster Linie für Wohnungsbau und Fragen der lokalen Verwaltung zuständig war), nach einer weiteren Wahlniederlage im Oktober desselben Jahres wurde sie mit Finanzfragen betraut. Wenige Monate später war sie Vorsitzende ihrer Partei.

Diese Entwicklung kam auch für Thatcher selbst überraschend. In den frühen Jahren ihrer politischen Tätigkeit hatte sie nicht daran geglaubt, jemals eine Frau im Vorsitz ihrer Partei zu erleben. Im Laufe der Zeit scheint aber in ihr die Erkenntnis gereift zu sein, selbst Chancen auf dieses Amt zu haben. Doch dass dieser Zeitpunkt bereits 1975 gekommen sein könnte, merkte auch sie erst spät.

Mit der konservativen Wahlniederlage vom Oktober 1974 zeichnete sich das Ende Edward Heaths als Parteiführer ab – seit seiner Übernahme dieses Amtes 1965 hatte er nun die dritte von vier Parlamentswahlen verloren. Doch Heath weigerte sich hartnäckig, zurückzutreten. Lediglich eine Neuwahl des Parteivorsitzenden ließ er sich abringen. Da er selbst erneut zu dieser Wahl antrat, blieb seinen innerparteilichen Gefolgsleuten kaum eine andere Möglichkeit, als ihn wieder zu unterstützen, statt eine neue Person in Stellung zu bringen. Auf Seiten der innerparteilichen Kritiker vom rechten Parteiflügel zeichnete sich eine Kandidatur des intellektuell brillanten Abgeordneten Keith Joseph ab.

Margaret Thatcher verhielt sich zunächst abwartend. Obwohl ihr Verhältnis zu Heath zunehmend angespannt war, unterstützte sie nach außen dessen Entscheidungen. Doch für den Vorsitz setzte sie eindeutig auf Keith Joseph, den für sie selbstverständlichen Kandidaten des rechten Flügels. Joseph aber war zwar ein anregender Denker, jedoch ein miserabler Stratege – noch bevor seine Kandidatur in Gang gekommen war, zertrümmerte er seine Chancen auf den Parteivorsitz, als er in einer Rede jungen Frauen aus armen Verhältnissen absprach, gute Mütter sein zu können. Thatcher ergriff die Gelegenheit seines Rückzugs und erklärte am 21. November 1974 ihre Kandidatur.

Als Thatcher Heath über ihre Absicht unterrichtete, sagte dieser nur eisig, sie werde verlieren. Er selbst trug jedoch wesentlich zum gegenteiligen Ergebnis bei. Er war sich seines Sieges sicher und stieß potentielle Unterstützer vor den Kopf, während Thatcher im Abgeordneten Airey Neave einen raffinierten Wahlkampfmanager fand. Sorgfältig bemühte er sich um Stimmen für seine Kandidatin, spielte deren zunehmend aussichtsreiche Position in der Öffentlichkeit aber herunter. Um nicht nur als Repräsentantin Südenglands wahrgenommen zu werden, ging Thatcher nun auch dazu über, ihre Herkunft aus bescheidenen nordenglischen Verhältnissen zu betonen.

Die Strategie ging auf. Am 4. Februar 1975 verlor Heath den ersten Wahlgang deutlich und zog sich zurück. Noch klarer gewann Thatcher eine Woche später einen zweiten Wahlgang gegen mehrere männliche Mitbewerber. Damit war sie Parteivorsitzende und Oppositionsführerin im Unterhaus.

Im ersten Wahlgang dürften viele konservative Parlamentsabgeordnete – die ohne Partizipationsmöglichkeit der Parteibasis das Wahlgremium bildeten – eher gegen Heath als für Thatcher gestimmt haben; deren noch überzeugenderes Ergebnis im zweiten Wahlgang zeigt aber, dass taktische Erwägungen allein nicht ausschlaggebend für ihren Sieg gewesen sein können. Es war ihr gelungen, sich den Abgeordneten als loyale Parteisoldatin zu empfehlen, während sie gleichzeitig die Energie zu besitzen schien, die Partei zu erneuern. Nach ihrer bisherigen Laufbahn waren zwar ihre Sympathien für den rechten Flügel erkennbar, doch sie galt durch ihre Zurückhaltung in ideologischen Grundsatzgefechten als Hoffnungsträgerin, die den Konservativen neue Impulse über die inneren Differenzen hinweg geben könnte. Den Abgeordneten konnte dabei noch nicht klar sein, welch grundlegendes Regenerationsprogramm die neue Vorsitzende ihrem Land verordnen würde.

III.

Markt, Moral und Monetarismus – das nationale Regenerationsprogramm der Oppositionsführerin

Die erste Parteiwerbesendung im Radio in der neuen Rolle als Oppositionsführerin beendete Margaret Thatcher im März 1975 mit den Worten: „Man hat gesagt, Politiker würden heute nur noch die Liegestühle auf dem Deck der Titanic neu anordnen. Nun, hier ist eine Politikerin, die das nicht tut. Helfen Sie mir, Ihnen zu helfen." Damit kündigte sich ein radikaler Umgestaltungswille an, der die britische Politik in den kommenden anderthalb Jahrzehnten prägen sollte. Dies betraf nicht nur die Ziele, sondern auch den Stil, mit dem diese Ziele formuliert und durchgesetzt wurden. Thatcher inszenierte sich als Protagonistin eines politischen Dramas, in dem um grundlegende politische und moralische Prinzipien gerungen wurde. Damit hatte sie eine weit über Großbritannien hinausreichende Ausstrahlung. Marxistische Gesellschaftsanalytiker sprachen bereits ab Ende der 1970er Jahre vom „Thatcherismus", doch die von ihr in Opposition und Regierung gestaltete Politik war nicht nur Programm, sondern sie erhielt ihre unverwechselbare Form durch die Persönlichkeit der Namensgeberin selbst.

Wer heute Thatchers Verlautbarungen aus den anderthalb Jahrzehnten vor der Wahl zur Parteivorsitzenden durchforstet, findet die Leitlinien ihrer späteren Politik dort schon angelegt. Mitte der siebziger Jahre war dies allerdings noch nicht unbedingt zu erkennen. Thatcher hatte sich zwar den Ruf einer selbstbewussten Kämpferin mit Neigung zum rechten Flügel der Konservativen Partei erworben, es war aber nicht vorherzusehen, dass sie die gesamte Nachkriegsentwicklung ihres Landes in Frage stellen würde.

Das Erwachen politischer Ambitionen in der jungen Margaret Roberts war zeitlich zusammengefallen mit der gesellschaftlichen

Umgestaltung Großbritanniens nach dem Zweiten Weltkrieg. Nach der Abwahl Churchills im Sommer 1945 begann die Labour-Regierung unter Clement Attlee mit dem Aufbau eines Wohlfahrtsstaats, dessen Hauptkennzeichen die Absicherung breiter Bevölkerungsschichten durch ein ausgebautes Sozial- und Gesundheitssystem (*National Health Service*) sowie die Verstaatlichung von Schlüsselindustrien, wie Kohle, Stahl oder Transport, waren. Trotz manch anders gearteter Akzentsetzung übernahmen in der Folgezeit auch die Konservativen weitgehend die keynesianische Leitvorstellung, eine Steuerung der Wirtschaft durch den Staat sei möglich und erforderlich, um eine Wiederholung der sozialen Krisen der Vorkriegszeit zu vermeiden und die Briten für die im Krieg gebrachten Opfer durch Wohlstand für alle zu entschädigen. In diesen parteiübergreifenden Nachkriegskonsens wuchs die junge Margaret Thatcher hinein. Ihr Eintritt ins Parlament 1959 fiel in eine Phase des Booms und des gesellschaftlichen Wohlstands, versinnbildlicht im Wahlkampfslogan der Konservativen: „You've never had it so good" [Euch ging es noch nie so gut].

Thatcher übte in den frühen Jahren ihrer politischen Tätigkeit noch keine prinzipielle Kritik an der Entwicklung ihres Landes, aber es blitzte schon an einzelnen Stellen der Wertehimmel auf, der sich bis zu ihrem Abschied aus der Politik kaum verändern sollte. So zweifelte sie noch nicht grundsätzlich daran, dass der Staat eine nützliche Rolle bei der ökonomischen Steuerung spielen könne, äußerte aber Skepsis gegenüber einem Übermaß an staatlicher Kontrolle über die Wirtschaft. Ihre frühe Kritik am Wohlfahrtsstaat stellte nicht dessen Existenz in Frage, doch sie warnte bereits vor der Ausnutzung des Systems durch „Drückeberger" und den Gefahren der Kostenexplosion. Sie propagierte die Weisheit der sparsamen Hausfrau als Vorbild der staatlichen Budgetgestaltung und präsentierte sich damit zugleich als Anwältin der Steuerzahler, die gegen Verschwendung staatlicher Mittel und ineffektives Management bei den staatlichen Industrien zu schützen seien. Dennoch bekämpfte sie die Politik der Nationalisierung wichtiger Industrien nicht rundheraus, betonte aber mehr als andere den Beitrag des freien Unternehmertums zum gesamtwirtschaftlichen Wohlergehen. Gerade in Oppositionszeiten fanden diese Überzeugungen ihren Ausdruck in heftigen Attacken auf den Sozialismus der Labour Party.

Doch insgesamt blieben selbst Thatchers kritische Töne im Rahmen des konservativen Zeitgeistes. Erst in der Rückschau wird deutlich, wie sich die frühen Ansätze nach den wirtschaftspolitischen Erfahrungen der sechziger und siebziger Jahre schließlich zur Fundamentalkritik am Nachkriegskonsens steigerten. Das Scheitern der eingeschlagenen Politik, nicht deren Existenz an sich, war ein wesentliches Motiv für die Radikalisierung ihrer Leitprinzipien.

Die Probleme der britischen Wirtschaft waren ab den sechziger Jahren unübersehbar. Den gestiegenen Ansprüchen an staatliche Leistungen und dem angewachsenen privaten Konsum standen keine entsprechenden Steigerungen der Produktivität und des Exports gegenüber, so dass Verschuldung, Arbeitslosigkeit, Steuern und Inflation stiegen. Dies wiederum führte in mehreren Zyklen zur Forderung nach Lohnsteigerungen durch die Gewerkschaften, deren Position im konsensorientierten System immer stärker wurde, bis sie einen starken politischen Einfluss errungen hatten und durch Streiks ganze Industriezweige lahmlegen konnten. Es zeigte sich, dass die Feinsteuerung der Wirtschaft durch den Staat zahlreiche nicht beabsichtigte Nebenwirkungen hatte, so dass es nicht gelang, die angestrebte gleichmäßige Wohlstandsentwicklung zu erzielen. Stattdessen wurden Anleihen beim Internationalen Währungsfonds erforderlich, um die Zahlungsfähigkeit des Landes aufrechterhalten zu können.

Thatcher sympathisierte mit den Kreisen im konservativen Lager, die zunehmend Vorbehalte gegenüber den Versuchen staatlicher Lohn- und Preissteuerungen anmeldeten. Allerdings blieben diese Mahner in der Partei in der Minderheit, und Thatcher selbst hielt sich bei aller Skepsis mit klaren Aussagen gegen die von der Mehrheit getragenen Wirtschaftspolitik weiter zurück. Die „Überzeugungspolitikerin“ dürfte in dieser Phase ihrer Karriere opportunistisch taktiert haben, um ihre Aufstiegschancen nicht durch ein Abweichen von der Parteilinie zu gefährden. Ein weiterer Faktor kam allerdings hinzu: Noch verfügte sie trotz ihres Unbehagens nicht über einen Gegenentwurf, der es ihr erlaubt hätte, den keynesianischen Nachkriegskonsens in Frage zu stellen. Diesen Schritt vollzog sie erst ab Mitte der siebziger Jahre.

Vorangegangen waren die traumatischen Erfahrungen der Konservativen mit der Regierung Edward Heaths (1970–1974). Der Premierminister strebte bereits den Rückzug des Staates aus der Wirtschaft und die Eindämmung der Gewerkschaftsmacht an. Er scheiterte an taktischen Fehlern, aber auch an den widersprüchlichen Erwartungen der britischen Bevölkerung. Das Wahlergebnis suggerierte Unterstützung für Heaths wirtschaftsliberalen Kurs, doch sobald konkrete Entscheidungen anstanden, ließen sich die als hartherzig empfundenen Maßnahmen nicht durchsetzen. Streiks von Werft- oder Bergarbeitern stießen in der Öffentlichkeit auf breite Sympathie, ein Gesetz zur Neuregelung des Streikrechts lehnten die Gewerkschaften ab, der Ölpreisschock von 1973 heizte die Inflation und damit weitere Lohnforderungen an. Heath reagierte mit Maßnahmen, die seine ursprünglichen Absichten konterkarierten – Zugeständnisse bei Lohnforderungen, Subventionen für angeschlagene Betriebe, Lohn- und Preiskontrollen durch den Staat. Der Premierminister schien keine klare Linie mehr zu verfolgen und musste sich verspotten lassen als Meister der Kehrtwenden (*U-turns*).

Thatcher hatte die Windungen der Heath-Politik nach außen loyal unterstützt, wenngleich mit zunehmender innerer Distanz. Allmählich reifte in ihr die Überzeugung, dass es nicht länger ausreiche, die bekannten ökonomischen Instrumente neu zu justieren – erforderlich war eine prinzipielle Umgestaltung der Politik. In diesem Ziel traf sie sich mit britischen Kritikern der bestehenden Wirtschaftsordnung, die sich auf die Analysen der neoliberalen Ökonomen Friedrich von Hayek und Milton Friedman beriefen. Sie sahen mit der ständigen Ausweitung staatlicher Aufgabengebiete ökonomische Effizienz und individuelle Freiheit beschnitten zugunsten krakenhaft expandierender kollektiver Akteure wie der Gewerkschaften, deren Einfluss zu einem ewigen Kreislauf von erhöhten Staatsausgaben und gesteigerten Inflationsraten führe. Es galt also, den „Kollektivismus“ durch eine drastische Reduzierung der ökonomischen Rolle des Staates auszuhebeln, dem freien Spiel der Marktkräfte Geltung zu verschaffen und die Inflation zu bekämpfen. Als deren wahre Ursache galt manchen Neoliberalen nicht das Anwachsen der Löhne, sondern das der Geldmenge. Sie propagierten eine monetaristische Geldmengensteuerung, die den Ansatzpunkt für eine wirtschaftliche Gesundung bieten sollte.

Organisiert war dieser intellektuelle Angriff auf den „Kollektivismus“ in einem Netzwerk von *Think-tanks*, also Ideenfabriken wie dem Institute of Economic Affairs (IEA) oder dem Centre for Policy Studies (CPS), die gezielt Einfluss auf Politik, Medien und Unternehmerschaft zu gewinnen suchten. Es fehlte lediglich jemand, der die Ideen politisch umsetzen würde.

Auf diesen „Think-tank archipelago“ (Ben Jackson) traf die lernbegierige Margaret Thatcher bei ihrer Suche nach intellektuellen Anregungen für eine Erneuerung der Politik. Sie nahm an Seminaren und Gesprächsrunden der Einrichtungen teil, folgte den Lektürevorschlägen, diskutierte mit den Vordenkern. Ohnehin bewunderte sie die ökonomischen Lehren Hayeks, dessen antikollektivistischen Klassiker *The Road to Serfdom* sie angeblich schon in ihrer Studienzeit gelesen hatte. Das 1974 gegründete CPS stand unter der Leitung des von ihr geschätzten Keith Joseph, der diese parteinahe Ideenfabrik nutzte, um die wirtschaftspolitischen Vorstellungen des glücklosen Edward Heath zu untergraben – Thatcher fand sich hier in einer persönlich und ideologisch kongenialen Umgebung wieder; hier traf sie erstmals auf den monetaristischen Ökonomen Alan Walters, der sie noch als Premierministerin beraten sollte. Thatcher wurde im Mai 1974 stellvertretende Vorsitzende des CPS, dessen Mitglieder sie nach dem Rückzug Josephs im Kampf um den Parteivorsitz unterstützten.

Die Oppositionsführerin versammelte neben CPS und IEA eine ganze Reihe von Ideengebern um sich, darunter auch Journalisten und Historiker, mit denen sie die innen- und außenpolitischen Gefahren des Sozialismus diskutierte. Anders als von manchem Ratgeber vielleicht erhofft, wurde Thatcher allerdings nicht zum politischen Sprachrohr für bestimmte Einflüsterungen. Vielmehr war der intellektuelle Austausch wichtig für sie, um ihre schon lange bestehenden politischen Grundüberzeugungen mit konkreten ökonomischen Konzepten anzureichern und zum Fundamentalangriff auf den Nachkriegskonsens auszubauen. Als dessen Gegenmodell präsentierte sie ein Regenerationsprogramm, das ökonomische und moralische Reformansätze dramatisch zuspitzte: Thatcher interpretierte die Probleme ihres Landes nicht als Ausdruck einer Krise des Kapitalismus, sondern des Sozialismus – wobei ihre breit angelegte Verwendung des Begriffs je nach Kontext von den Lehren überzeugter Marxisten bis hin zur keynesianischen Wirtschaftssteuerung und den Einrichtungen des Wohlfahrtsstaats reichen konnte. Fortan kämpfte sie gegen den „Sozialismus" in all seinen Erscheinungsformen und gewann aus dieser Frontstellung die Schärfe des programmatischen Profils, das den „Thatcherismus" von der lagerübergreifenden Konsensorientierung der Nachkriegszeit abhob.

In ihrer ersten Parteitagsrede als Oppositionsführerin erklärte sie, kein Land könne gedeihen, wenn eine Politik der Nationalisierung und staatlichen Kontrolle in Wirtschaft und Gesellschaft dominiere. Geschickt präsentierte sie die Grundlagen einer Marktwirtschaft, das Recht auf Privateigentum und Profitstreben, als Kernelemente der britischen Tradition politischen Denkens, so dass der Sozialismus der Labour Party als atypische Fehlentwicklung der nationalen Geschichte erscheinen musste. Die Freisetzung des individuellen Unternehmungsgeistes sollte zum wirtschaftlichen Aufblühen des Landes führen. Dies setzte nicht nur die entsprechende Anpassung der ökonomischen Rahmenbedingungen voraus, sondern auch eine moralische Erneuerung: Der Sozialstaat hatte laut Thatcher eine Abhängigkeitskultur geschaffen, die den Einzelnen dazu verführe, die Verantwortung für sein eigenes Wohlergehen an den Staat zu delegieren, statt selber seines Glückes Schmied zu sein. Der Sozialismus führte nach dieser Analyse zu einer moralischen Degeneration, die den geistigen und ökonomischen Niedergang des Landes ausgelöst habe; es ging beim Kampf gegen diesen Gegner daher nicht nur um ökonomische Fragen, sondern – wie Thatcher es 1975 in einer Rede formulierte – um „Leben und Tod des menschlichen Geistes".

Dieser Argumentationslinie blieb Thatcher auch als Premierministerin treu. Im September 1987 erregte sie Anstoß, als sie in einem Interview mit dem Frauenmagazin *Women's Own* jegliche kollektive soziale Handlungsebene zu negieren schien: „There is no such thing as society." [So etwas wie Gesellschaft gibt es nicht.] Dies war jedoch nur die zugespitzte Fassung ihrer Grundüberzeugung, dass Individuen, nicht kollektive Akteure das Wohlergehen der Allgemeinheit hervorbrächten. Schon 1979 hatte sie auf einer Parteiveranstaltung der Konservativen erklärt, sie könne kein Wohlfahrtssystem akzeptieren, das „persönliche Verantwortung und das Verantwortungsgefühl gegenüber Familie, Nachbarschaft und Gemeinschaft" zum Einsturz bringe. Positiv gewendet erklärte sie im Interview von 1987, das allgemeine Wohlergehen hänge davon ab, „wie viel Verantwortung jeder von uns für sich selbst und andere zu übernehmen bereit ist, um durch eigene Anstrengungen denjenigen in unglücklicheren Umständen zu helfen".

Thatchers Hyper-Individualismus war also durch einen klassischen konservativen Wertekanon gezügelt, der das Individuum in einem familiären und nationalen Ordnungsgefüge verankert sah. Ihre ökonomischen Maximen, wie die der sparsamen Haushaltsführung zugunsten des arbeitenden Steuerzahlers, machten sie in der Sicht ihrer Gegner zur Anwältin einer Mittelschicht, die selbstbezogen den Blick für die ärmeren Bevölkerungsgruppen vergessen ließ. Hinter Thatchers Regenerationsprogramm stand aber die Überzeugung, es werde allen gesellschaftlichen Gruppen durch die Freisetzung der individuellen Energien besser gehen, während den Ärmeren durch das Verantwortungsgefühl der Mitbürger geholfen werde. Nicht von ungefähr mündete Thatchers Versprechen, Hilfe zur Selbsthilfe zu leisten, in eine Beschwörung der angeblichen Werte des viktorianischen England, die auch ihre eigene Erziehung zu Selbstdisziplin und Verantwortungsgefühl noch geprägt hatten. Person und Programm verschmolzen an dieser Stelle zu einer Einheit, die Zustimmung oder Ablehnung hervorrufen mochte, es aber auf jeden Fall kaum zuließ, Person und Programm unabhängig voneinander zu bewerten.

Obwohl sich Thatcher mit ihrer konfrontativen Wendung gegen den Nachkriegskonsens an die Spitze einer intellektuellen Revolution stellte, war sie doch selbst keine Intellektuelle. Sie hatte ihr naturwissenschaftliches Studium in Oxford zügig absolviert, ohne zu einem Bildungserlebnis zu gelangen, das zum gedanklichen Experiment mit unterschiedlichen weltanschaulichen Positionen oder gar Zweifeln an der eigenen Weltsicht angeregt hätte. Zeitlebens galt ihr das bloße Spiel mit Ideen als abgehobene Zeitverschwendung, dem sie ihr Fundament an unverrückbaren Überzeugungen entgegenhielt. Für ihre politische Karriere brachte dies Vor- und Nachteile: Sie entwickelte nie viel Vorstellungskraft für Erfahrungen außerhalb ihres persönlichen Horizonts, zugleich hatte sie die unerschütterliche Selbstgewissheit eines klaren moralischen und politischen Kompass.

Offenkundig erkannte sie die Paradoxien ihres Regenerationskurses nicht: Ihr Individualismus reichte bis zur Verherrlichung von Profitgier und Konsumansprüchen – damit sprengte er den konservativen Werterahmen, in den die Politikerin ihn eingebunden sehen wollte. Die spätere Freisetzung der Marktkräfte durch ihre Regierung löste hergebrachte soziale Bindungen vielerorts auf, Familien- und Nachbarschaftsstrukturen fragmentierten, der gesellschaftliche Zusammenhalt wurde prekär. Auch wenn die gesellschaftlichen Veränderungen im Großbritannien der achtziger Jahre nicht allein als Effekte des Thatcherismus erklärt werden können, so entsprachen sie doch seiner ökonomischen Logik. Zügeln ließen sich die Nebenwirkungen in diesem konzeptionellen Rahmen kaum noch.

Thatchers Bedeutung lag daher weniger in der Formulierung eines widerspruchsfreien Programms als in dem ungestümen Umgestaltungswillen, mit dem sie die britische Politik der siebziger Jahre aus den vertrauten Angeln hob. Sie dramatisierte die politischen Entscheidungen des Landes als Ringen zwischen Sozialismus und

Freiheit und präsentierte sich als Retterin, die die Ursachen jahrzehntelanger Fehlentwicklungen an der Wurzel packte. Im Vergleich zu den übrigen Politikern ihrer Generation schien einzig sie willens und in der Lage, sich gegen den Niedergang des Landes zu stemmen.

Mit der dunklen Vision des britischen Abstiegs bot Thatcher allerdings eine zugespitzte Interpretation der britischen Nachkriegsgeschichte. Ihre Konsenskritik verwischte die Differenzen, die zwischen beiden großen Parteien trotz der gemeinsamen Akzeptanz der wohlfahrtsstaatlichen Ordnung stets bestanden hatten, während die Niedergangshysterie die individuellen Wohlstandsgewinne vieler Briten nach 1945 ausblendete. Doch Thatchers Katastrophenszenario wirkte um so plausibler, je weniger die ab 1974 amtierende Labour-Regierung die von Heath hinterlassenen Scherben auflesen konnte. Der Wahlerfolg über die Konservativen hatte auf der Hoffnung beruht, die Arbeiterpartei werde sich kompetenter bei der ökonomischen Steuerung erweisen und dabei auf die Kooperationsbereitschaft der Gewerkschaften zählen können. Doch das Land taumelte weiter durch Streiks und Krisen, die 1976 eine weitere Anleihe beim Internationalen Währungsfonds erforderlich machten. Thatchers Problemanalyse erschien zunehmend angemessen. Der konservative Historiker, Journalist und Politiker Robert Blake stellte 1977 fest, die Situation passe sich inzwischen der Interpretation Thatchers an.

Dennoch war ungewiss, ob Thatcher die nächste Parlamentswahl gewinnen würde. Ihre Position in der eigenen Partei war keineswegs gefestigt, ihre radikale Analyse keineswegs von allen akzeptiert. Der Angriff auf den Nachkriegskonsens bedeutete letzten Endes auch eine Kritik am Verhalten der eigenen Partei. Thatcher war zum Lavieren gezwungen, um nicht große Teile ihrer Anhängerschaft zu verprellen. Immer noch dominierten die Gefolgsleute Heaths das Schattenkabinett. Sie setzten weiterhin auf einen Ausgleich statt eine potentiell desaströse Konfrontation mit den Gewerkschaften, die praktische Umsetzbarkeit der monetaristischen Lehren war noch weitgehend unerprobt. Thatcher agierte daher als Oppositionsführerin in der Propagierung eigener Ideen deutlich weniger konsequent als in ihren Angriffen auf die Regierung und den „Sozialismus". Zwar präsentierte sie ein dramatisches Bild der Lage ihres Landes, doch sie wagte es letztlich immer noch nicht, die radikalen Folgerungen aus ihren programmatischen Leitlinien offensiv zu vertreten. Sie bot der Öffentlichkeit daher ein unscharfes Bild: Durch das Taktieren der Oppositionsführerin war nicht klar, wo die Überzeugungspolitikerin genau stand.

So ist fraglich, ob Thatchers Programm und Person den Durchbruch gebracht hätten, wenn Premierminister James Callaghan die Wähler im Herbst 1978 zu den Wahlurnen gerufen hätte. Doch Callaghan verzögerte die Parlamentswahl in der Hoffnung auf wirtschaftliche Erholungseffekte, bis er im Frühjahr 1979 durch den Verlust seiner Parlamentsmehrheit zur Festsetzung eines Wahltermins gezwungen wurde. In der Zwischenzeit zerstoben seine Chancen im *Winter of Discontent* (Winter der Unzufriedenheit): Massive Streiks im öffentlichen Dienst und Transportgewerbe drohten, das Land lahmzulegen. Der Müll türmte sich in den Straßen, die Krankenversorgung war gefährdet, der öffentliche Verkehr brach vielerorts zusammen. Das Land schien im Chaos zu versinken. Das Unvermögen der Labour-Regierung, die Gewerkschaften zu zügeln, gab Thatchers Rufen nach einer Kurskorrektur Plausibilität.

Das Wahlprogramm blieb wegen der innerparteilichen Rücksichtnahme der Oppositionsführerin in vielen Punkten vage. Die Forderung nach einer Privatisierung der verstaatlichten Industrien fehlte, die Passagen zur zukünftigen Gewerkschaftsgesetzgebung suchten die Balance zwischen dem moderaten Parteiflügel und den weiterreichenden Zielen der Thatcher-Anhänger. Doch Thatchers Wille zum entschiedenen Kampf gegen den „Sozialismus" stand durch ihre zahlreichen öffentlichen Äußerungen außer Frage. Unklarheiten im konservativen Wahlprogramm spielten daher keine ausschlaggebende Rolle angesichts der Angriffsflächen, die die gescheiterte Regierung bot. Die Konservativen erfassten die Situation mit einem der erfolgreichsten Wahlplakate der britischen Nachkriegsgeschichte: Es zeigte eine Warteschlange von Arbeitslosen und die Aufschrift: „Labour isn't working" [Labour funktioniert nicht].

Am 3. Mai 1979 errangen die Konservativen bei der Parlamentswahl mit 43,9% der Stimmen und 339 von 635 Parlamentssitzen einen deutlichen Sieg. Erstmals stand eine Frau an der Spitze der britischen Regierung.

IV.

Thatcher als Premierministerin

Als Margaret Thatcher am 4. Mai 1979 in No. 10 Downing Street einzog, überraschte sie mit einem vorbereiteten Zitat, das an ein Gebet des Heiligen Franz von Assisi angelehnt war und dessen erste Zeile lautete: „Where there is discord, may we bring harmony.“ [Wo Zwietracht herrscht, mögen wir Harmonie bringen.]

Die sanftmütigen Worte klangen ungewohnt aus dem Mund der aggressiven Verfechterin eines grundlegenden Wandels von Politik und Moral. Doch die neue Premierministerin hatte guten Grund, Eintracht und Harmonie zu beschwören: Trotz der vehementen Erneuerungsrhetorik war Thatchers Wahlprogramm blass geblieben, wenn es um die konkreten Maßnahmen zur Umsetzung des Regenerationsversprechens ging, da sie als Oppositionsführerin lediglich einen kleinen Teil ihrer Partei von der Notwendigkeit eines völligen Bruchs mit dem Nachkriegskonsens überzeugt hatte. Im Kabinett war sie weiterhin umgeben von den Größen der Heath-Ära, die zwar Thatchers Attacken auf die Labour-Regierung goutiert hatten, aber an den hergebrachten ökonomischen Steuerungsinstrumenten festhalten wollten. Die Premierministerin konnte während ihrer ersten Amtszeit nur einen Teil ihrer Ziele ansteuern, es überwogen Kompromisse und politisches Kalkül. Dennoch schien das Thatcher-Experiment innerhalb von zwei Jahren vor dem Scheitern zu stehen.

Im kleinen Kreis der Anhänger eines energischeren Kurses, darunter Schatzkanzler Geoffrey Howe und Industrieminister Keith Joseph, galten die traditionell argumentierenden Tories als *wets* (Schwächlinge). Doch noch prägte diese Gruppe Kernbereiche der Politik. So legte Arbeitsminister James Prior 1980 ein Gesetz zur

Regelung von Gewerkschaftsfragen vor, das weit hinter den Erwartungen der Reformer zurückblieb. Es beschränkte zwar den Gewerkschaftszwang in Betrieben (*closed shop*), verbot aber weder Sympathiestreiks noch Streiks ohne vorherige Urabstimmung. Thatchers innenpolitischer Hauptgegner blieb vor dem Angriff auf seine gesetzlichen Privilegien bewahrt.

Doch nicht nur die *wets* blockierten den neuen Kurs – auch Thatcher selbst trug dazu bei, ihre eigenen Ziele zu konterkarieren. So gewährte die Regierung Gehaltserhöhungen im öffentlichen Dienst, die allen Sparbekundungen Hohn sprachen. Thatcher folgte an dieser Stelle Empfehlungen einer Kommission zur Angleichung der Löhne im öffentlichen und privaten Sektor, denen sie sich widerwillig aus wahltaktischen Gründen unterworfen hatte. Auch Polizei und Streitkräfte, eine wichtige konservative Klientel, durften sich über höheren Sold freuen.

Diese Entscheidungen belasteten den Haushalt der neuen Regierung für 1980. Den Ansatzpunkt der nationalen Regeneration sollte die Bekämpfung der zweistelligen Preissteigerungsrate bilden, die Steuern sollten zur Freisetzung unternehmerischer Aktivität sinken. Doch die inflationären Effekte der Gehaltserhöhungen zwangen Schatzkanzler Howe trotz Thatchers Unwillen zum Gegenteil: Steuererhöhungen. In der Hoffnung, dennoch die versprochenen wirtschaftlichen Ankurbelungseffekte zu erzielen, senkte Howe zwar die Einkommensteuer, aber um den Preis einer drastischen Erhöhung der Mehrwertsteuer. Da indirekte Steuern tendenziell weniger wohlhabende Bevölkerungsgruppen stärker belasten, stand die Regierung umgehend im Ruf, Politik für die Reichen zu betreiben. Diesem Image widersprach die Liberalisierung des Kapitalverkehrs mit dem Ausland nicht, die ebenfalls auf die Öffnung der Wirtschaft abzielte, allerdings die Kontrolle der Geldmenge und damit der Inflation zusätzlich erschwerte.

Zum politischen Desaster wurde vor allem der Haushalt von 1981, der dem Kabinett erst am Tag seiner öffentlichen Verkündung vorgelegt wurde, um jede Verwässerung der Maßnahmen durch die *wets* auszuschließen. In dem Bestreben, nun mit dem Sparkurs Ernst zu machen, wagte Howe das monetaristische Experiment, die Geldmenge und die Staatsausgaben zu drosseln. Zugunsten des Ziels, die Inflation in den Griff zu bekommen, riskierte der Schatzkanzler einen tiefen Absturz der Wirtschaft. Durch hohe Zinsen, Verteuerung der Währung und dementsprechend sinkende Exporte brach die industrielle Produktion in vielen Branchen dauerhaft ein, das Land wurde abhängiger vom Dienstleistungssektor. Die Zahl der Erwerbslosen schnellte auf Rekordwerte – von 1,3 Millionen im Jahr 1979 auf über 3 Millionen 1983. In mehreren Städten brachen Unruhen aus – besonders gewaltsam 1981 im Londoner Bezirk Brixton sowie im Liverpooler Stadtteil Toxteth.

Nicht nur die Opposition, sondern viele in der eigenen Partei bedrängten Thatcher, das monetaristische Experiment abzubrechen und zu den bekannten Instrumenten volkswirtschaftlicher Steuerung, wie Lohn- und Preiskontrollen, zurückzukehren. Hinter vorgehaltener Hand wurde über mögliche Nachfolger spekuliert. Doch obwohl auch Thatcher von der Höhe der Arbeitslosenrate überrascht war, ließ sie sich nicht umstimmen. Das monetaristische Modell rechnete mit einem kurzfristigen Anstieg der Arbeitslosenzahl. Auch wenn Thatcher es kaum öffentlich aussprechen konnte, nahm sie diesen Effekt ihrer Politik bewusst in Kauf. Die Unruhen in den Innenstädten, in denen sich ein Gemisch aus sozialen und ethnischen Spannungen entlud, tat sie ab als Aktionen von Krawallmachern, denen es an Stolz und Verantwortungsgefühl für ihr eigenes Tun mangele. Obwohl sich in der Wirtschaftspolitik ihrer Regierung gewollte Maßnahmen, politische Zugeständnisse und unerwartete Effekte vermischten, warf sie sich in die Pose der Überzeugungspolitikerin, die nicht vom eingeschlagenen Kurs abzubringen sei. Auf dem konservativen Parteitag im Oktober 1980 wandte sie sich an alle, die auf einen *U-turn* warteten: „You turn if you want to. The lady's not for turning." [Vollzieht eine Kehrtwende, wenn ihr wollt. Die Lady ist nicht für eine Kehrtwende zu haben.] Die Spitze gegen ihren Vorgänger Heath war allen Zuhörern sofort klar – deutlicher hätte die Premierministerin ihre Abkehr von den hergebrachten Politikmustern nicht zum Ausdruck bringen können.

Zu Beginn des Jahres 1982 zeichneten sich tatsächlich erste Erfolge ihrer Politik am ökonomischen Horizont ab. Die Inflation sank auf einstellige Werte, die Produktivität stieg, allerdings bei weiter extrem hoher Arbeitslosigkeit, die aufgrund der Kosten für die Arbeitslosenunterstützung auch den Anteil der Staatsausgaben am Bruttosozialprodukt steigen ließ. Es war daher fraglich, ob Margaret Thatcher die nächste Parlamentswahl überstehen würde. Der Urnengang hatte innerhalb der nächsten zwei Jahre stattzufinden. Dass die Premierministerin ihn bereits 1983 ansetzte, war das Ergebnis einer unvorhergesehenen Herausforderung, die Thatcher beherzt mit großem Imagegewinn meisterte: Am 31. März 1982 erfuhr die britische Regierung, dass eine Besetzung der Falkland-Inseln im Südatlantik durch Argentinien unmittelbar bevorstehe. Seit der britischen Übernahme im Jahr 1833 erhob Argentinien Ansprüche auf die Inselgruppe, die von 1800 Briten bewohnt war. In der Annahme, Großbritannien sei bereit, die strategisch unbedeutenden Felsen im Meer aufzugeben, griff die argentinische Militärjunta unter General Galtieri am 2. April 1982 zu und besetzte die im Spanischen Malvinas genannten Inseln.

Der anschließende Krieg, der 253 britische und über 650 argentinische Soldaten das Leben kostete, wurde zu einem persönlichen Triumph Thatchers. In der Tat bestand im britischen Kabinett, dessen Sparmaßnahmen auch den Verteidigungshaushalt betrafen, kein ausgeprägtes Verlangen, einen 12.000 Kilometer entfernten Krieg mit ungewissem Ausgang zu führen. Doch Thatcher neigte angesichts der eklatanten Souveränitätsverletzung durch Argentinien zur Entsendung von Truppen. Aber war es möglich, die Inseln militärisch zurückzugewinnen? Die entscheidende Bekräftigung, deren die Premierministerin bedurfte, lieferte noch am 31. März Admiral Henry Leach, Erster Seelord und damit ranghöchster Offizier der Royal Navy. Er versicherte ihr optimistisch, die Inseln innerhalb weniger Wochen mit einer Eingreiftruppe erobern zu können. Thatcher verließ sich nun und in den nächsten Wochen auf den Rat der Militärs und gab umgehend den Befehl zum Ausrücken.

Seither ist umstritten, ob Thatcher die hektischen diplomatischen Vermittlungsversuche internationaler Akteure in den nächsten Wochen bewusst ins Leere laufen ließ, um eine kriegerische Lösung des Konflikts zu erzwingen. Öffentlich verweigerte sie alle Lösungen, die eine gemeinsame Verwaltung der Inseln durch Großbritannien und Argentinien vorsahen, und beharrte auf der Räumung durch die Argentinier. Doch der Ausgang einer Militäraktion war ungewiss und würde britische Soldaten das Leben kosten; zudem geriet Großbritannien nach der umstrittenen Versenkung des argentinischen Kreuzers *Belgrano* am 2. Mai unter internationalen Druck, die Lage nicht weiter zu eskalieren. Thatcher lenkte ein: Entgegen ihrer prinzipiellen Linie ließ sie sich am 5. Mai die Zustimmung zu einem von den USA unterstützten peruanischen Kompromissvorschlag abringen, der eine Beschränkung der Souveränitätsrechte Großbritanniens und der Inselbewohner bedeutet hätte. Doch die argentinische Junta wies den Friedensplan zurück und machte damit den Weg frei für Thatchers Selbstdarstellung als unbeugsamer Verteidigerin der Inseln.

Falls die Premierministerin irgendwelche Zweifel an der militärischen Rückeroberung der Falklands hatte, zeigte sie diese in der Öffentlichkeit nicht. Die militärischen Vorbereitungen liefen auch in der Zeit der Vermittlungsbemühungen uneingeschränkt weiter; nach der Landung britischer Truppen auf den Inseln ab dem 21. Mai war Thatcher nicht mehr zu Kompromissen mit den Argentiniern bereit.

Häufig wurde Thatchers Handeln in der Falkland-Krise als Nachklang imperialer Allüren verspottet. Die Erinnerung an die frühere Weltgeltung bildete sicherlich die psychologische Folie für die Welle patriotischer Begeisterung, die das Land bis weit in die Reihen der Opposition hinein erfasste; bei Umfragen erreichte Thatchers Agieren in der Falklandfrage Zustimmungsraten bis zu 80 %. Doch die Premierministerin selbst leugnete stets koloniale Anwandlungen als Hintergrund ihres Kurses – durchgehend präsentierte sie sich als Verteidigerin des Selbstbestimmungsrechts der Inselbewohner, die sich mit überwältigender Mehrheit für die Zugehörigkeit zu Großbritannien aussprachen. Sie verteidige nicht Kolonialbesitz, sondern das „Geburtsrecht der Freiheit", erklärte die Premierministerin in einer Rede im Mai 1982.

Einen Bezug zur Tradition des Empire stellte sie erst nach der argentinischen Kapitulation vom 14. Juni her, als sie den Erfolg propagandistisch zur Bestätigung ihres gesamten politischen Wirkens überhöhte. Auf einer Parteiversammlung in Cheltenham jubelte sie im Juli 1982, im Südatlantik sei der „wahre Geist Großbritanniens", der schon die Vorfahren beseelt habe, wieder zum Vorschein gekommen. Die Zeit des Niedergangs sei vorbei, die eigene Generation habe sich des historischen Erbes der Nation würdig und ebenbürtig erwiesen. Das Land werde nun nicht mehr zurück auf die Misere des ökonomischen und politischen Verfalls schauen, sondern habe – wie von ihr versprochen – sein Selbstvertrauen zurück gewonnen. Dieses gelte es nun zu nutzen: So, wie die Soldaten ihre Pflicht erfüllt hätten, sollten alle Briten dazu beitragen, den im Krieg neu befeuerten Geist auf die Aufgaben in Friedenszeiten zu übertragen. Einen ersten Schritt in diese Richtung legte sie den Gewerkschaften und den Beschäftigten im Gesundheitswesen ans Herz; sie sollten ihre gerade laufenden Streiks einstellen und wie die Soldaten das Interesse der Nation vor das Eigeninteresse stellen.

Der Sieg im Südatlantik lieferte der Premierministerin somit die willkommene Gelegenheit, einen dramatischen Wendepunkt in der Geschichte des Landes zu beschwören. Auch wenn sie die gesellschaftlichen Effekte des Sieges dabei übertrieb, markierte er in der Tat einen Wendepunkt für ihre eigene Regierungsarbeit. Nun erst genoss sie die unangefochtene Führungsrolle in ihrer Partei. Ihr nationales und internationales Ansehen und damit auch ihr Selbstbewusstsein stiegen; manche Beobachter datieren ab dieser Zeit das Abgleiten ihres Führungsstils in einen kompromisslosen Autoritarismus. In jedem Fall bildete der Falkland-Effekt den wichtigsten Einzelfaktor für ihren Wahlsieg im Juni 1983.

Es sollten aber für die Erklärung des Wahlausgangs auch andere Faktoren nicht außer Acht bleiben. Zum einen gab es trotz der hohen Arbeitslosigkeit Bevölkerungsschichten, die von der konservativen Politik profitierten. Populär war insbesondere die Umsetzung des von Thatcher lange verfolgten Ziels, den Mietern von Häusern in Gemeindebesitz (*council houses*) durch ein großzügig finanziertes Programm den kostengünstigen Kauf ihrer eigenen vier Wände zu ermöglichen. Damit entstand neues Eigentum, dessen Besitzer ein unauffälliges, aber anwachsendes Wählerreservoir für die Konservativen bildeten.

Zum anderen hatte Thatcher wieder einmal das Glück auf ihrer Seite: Sie gewann die Wahl vom 9. Juni 1983 mit 42,4% der Stimmen – ein achtbares Ergebnis, aber trotz des Falkland-Faktors ein leichter Stimmenverlust im Vergleich zu 1979. Dass dieses Resultat dennoch zum Erdrutschsieg für die Konservativen wurde, lag an einer Opposition, die sich selbst lahmgelegt hatte. Die Labour Party war unter ihrem Vorsitzenden Michael Foot weiter nach links gerückt. Das Wahlprogramm forderte mehr Sozialismus in der Wirtschaftspolitik und eine einseitige atomare Abrüstung Großbritanniens – es blieb als „the longest suicide note in history“ [der längste Abschiedsbrief in der Geschichte] in Erinnerung. Zudem war Michael Foot ein zurückhaltender Intellektueller. Seine Verweigerung einer mediengerechten Selbstdarstellung bestärkte ohnehin bestehende Zweifel an seinem Willen, Premierminister zu werden. Doch damit nicht genug: Labours Linksschwenk hatte überdies 1981 zur Abspaltung und eigenen Parteibildung des sozialdemokratischen Flügels geführt, so dass das linke Lager entzweit war. Bei den Wahlen errangen beide Parteien jeweils ungefähr ein Viertel der Stimmen, gemeinsam also mehr als die Konservativen. Doch unter dem britischen Mehrheitswahlrecht konnten die Konservativen gegenüber der gespaltenen Opposition deutlich mehr Wahlkreise erringen, zumal die Stimmen der linken Kräfte in den Industriegebieten im Norden des Landes konzentriert waren. Im neuen Parlament gingen 397 der 650 Sitze an die Konservativen – eine überwältigende Mehrheit. Thatcher war gewillt, dieses Mandat zu nutzen.

Nach dem Wahlsieg ging Thatcher gestärkt in die zweite Amtszeit. Kabinettsumbildungen erhöhten in den folgenden Jahren die Zahl ihr ergebener Anhänger am Ministertisch, ihr Regenerationsprogramm konnte nun in zahlreiche Bereiche von Politik und

Gesellschaft getragen werden. Immer häufiger sprachen politische Kommentatoren von „Thatcherismus", auch wenn dessen Konturen alles andere als klar waren. Nigel Lawson, Thatchers Schatzkanzler von 1983 bis 1989, der den Begriff 1981 als erster konservativer Politiker verwendet hatte, bezeichnete in seinen Memoiren eine Definition als falsch, die unter Thatcherismus nur verstehe, „was Margaret Thatcher selbst irgendwann gesagt oder getan" habe. Neben der Premierministerin formten zahlreiche Akteure die mit ihrem Namen verbundene Politik, darunter nicht zuletzt ihre Schatzkanzler. Als „richtige Definition" des Thatcherismus favorisierte Lawson „eine Mischung aus freien Märkten, finanzieller Disziplin, strenger Kontrolle der öffentlichen Ausgaben, Steuersenkungen, Nationalismus, ‚viktorianischen Werten', Privatisierung und einem Schuss Populismus".

Thatcher selbst benutzte den Begriff bestenfalls ironisch. Für den Eindruck, es handle sich um eine systematisch ausgearbeitete Ideologie, waren oft eher die Gegner als die Anhänger der Premierministerin verantwortlich. In Wirklichkeit handelte es sich um ein Ideenbündel auf der Basis von Thatchers persönlichen Überzeugungen, das mit intellektuellen Einflüssen, wie dem Monetarismus, angereichert war und von verschiedenen Akteuren mit unterschiedlichen Schwerpunktsetzungen ausgedeutet und umgesetzt wurde. Der Thatcherismus blieb daher vielfältig und widersprüchlich, nicht jede Ausprägung fand die Gnade der Namensgeberin.

Jenseits aller theoretischen Begriffsdebatten muss der Thatcherismus daher als Praxis erschlossen werden aus dem Handeln der Regierungen der Premierministerin. Die nach dem Wahlsieg von 1983 fortgeführten oder neu eingeleiteten Maßnahmen standen unter dem Leitmotiv der Reduzierung staatlicher Einflüsse auf die Wirtschaft und der Freisetzung eines marktwirtschaftlichen Wettbewerbs. Die mit dem Verkauf kommunaler Wohnimmobilien bereits vielversprechend angelaufene Privatisierungspolitik wurde ab der zweiten Amtszeit verstärkt auf die verstaatlichten Industrien und Dienstleister ausgeweitet; Vorzeigeunternehmen aus den Bereichen Telekommunikation, Luftfahrt und Energie sowie der Autobauer

Rolls-Royce gingen zu günstigen Konditionen in privaten Besitz über. Der *Big Bang* vom 27. Oktober 1986 deregulierte die Finanzmärkte und legte zusammen mit der Einführung des computerbasierten Handels den Grundstein für den Aufstieg der Londoner City zu einem der Zentren der globalisierten Finanzwirtschaft. Die Beamtenschaft und die Einrichtungen des Wohlfahrtsstaats sahen sich betriebswirtschaftlichen Anforderungen unterworfen. Thatchers Skepsis gegenüber den angeblich innovations- und leistungsfeindlichen Behörden führte in den zentralstaatlichen Verwaltungen zu einem Personalabbau um fast ein Viertel der Beschäftigten, zudem zur Einführung neuer Managementmethoden: Empfänger staatlicher Dienstleistungen sollten sich in Zukunft als Kunden verstehen, die ein Recht auf das beste Angebot hatten. Dazu lagerte die Regierung viele zuvor von staatlichen Behörden angebotene Leistungen in privatwirtschaftlich organisierte Agenturen aus, die dann wieder staatlicherseits mit der Durchführung von Aufgaben betraut wurden. Die gleichen Prämissen lagen Umstrukturierungen im staatlichen Gesundheitsdienst (*National Health Service*) und im Bereich der Verbrechensbekämpfung zugrunde.

Ab den späten achtziger Jahren zwang die Gesetzgebung auch die Kommunen, bisher in Eigenregie erbrachte Leistungen an privatwirtschaftliche Anbieter zu übertragen. Neben der generell angewendeten Effizienz- und Wettbewerbsrhetorik hatten die Maßnahmen in diesem Fall zudem eine offene „antisozialistische" Stoßrichtung: In vielen Stadträten dominierten militante Anhänger der Labour Party. Da die Gemeinden ungefähr 60 % ihrer finanziellen Ressourcen von der Zentralregierung in London erhielten, nutzte Thatcher den Geldhahn, um die Kommunen gefügig zu machen. Manche lokalen Verbände wurden ganz aufgelöst – so zerfiel London nach der Abschaffung seiner obersten Verwaltungsbehörde 1986 in 32 separate Einheiten. Die britische Hauptstadt war damit die einzige Metropole der Welt ohne zentrale Autorität, bis die Labour-Regierung unter Tony Blair die kuriose Situation 1999 beseitigte und das Amt eines – wenngleich mit nur geringen Kompetenzen ausgestatteten – Bürgermeisters schuf.

Den Hauptangriff auf den „Sozialismus“ führte Thatcher gegen die Gewerkschaften. Die Regierung erließ eine Reihe neuer Gesetze, die Sympathiestreiks faktisch ebenso verboten wie *closed shops*; Gewerkschaftsführer mussten regelmäßig gewählt werden, Streikaktionen setzten eine geheime Urabstimmung unter den Mitgliedern voraus. Diese Maßnahmen ließen sich verteidigen als Rückführung der Gewerkschaftsprivilegien auf ein in anderen europäischen Ländern übliches Niveau. Doch Thatcher wollte mehr: Ihr ging es darum, die Abhängigkeit der Politik vom Wohlwollen der Gewerkschaften ein für allemal zu beenden. Dazu bedurfte es des symbolhaften Sieges, den sie 1984/85 gegen die mächtige Bergarbeitergewerkschaft (*National Union of Mineworkers*, NUM) errang.

Noch 1981 hatte die Regierung im Konflikt mit der NUM um Lohnerhöhungen und Zechenschließungen nachgegeben, da – wie Thatcher entrüstet feststellen musste – keine der zuständigen Behörden die für einen Arbeitskampf nötigen Vorbereitungen getroffen hatte. Dies sah 1984 anders aus: Mit monatelangem Vorlauf hatte die Regierung Kohlevorräte in den Kraftwerken anlegen lassen, um die Energieversorgung des Landes während eines Bergarbeiterstreiks sicherzustellen; Arbeiter im Transportgewerbe waren durch Lohnerhöhungen auf die Regierungsseite gezogen worden; ausgewählten Zechen wurden Bestand und Ausbau garantiert, so dass die Arbeiter dort keinen Grund zum Streiken hatten. Damit war die Falle aufgestellt, in die die NUM nur noch tappen musste.

Wieder hatte Thatcher Glück: Die Gewerkschaft hatte 1981 mit Arthur Scargill einen selbsterklärten Klassenkämpfer und begnadeten Agitator zum Vorsitzenden gewählt, der zu Alleingängen neigte. Als die Regierung im März 1984 die Schließung mehrerer Zechen ankündigte, rief Scargill zum Streik auf – die Falle war zugeschnappt. Schon von Beginn an schwächte Scargill seine Erfolgsaussichten durch strategische Fehler: Er verzichtete auf eine Urabstimmung der Mitglieder über den Streik, so dass die Aktion von Beginn an Legitimität einbüßte. Dadurch folgten ihm nur die Bergleute in South Yorkshire in den Arbeitskampf, während viele andere

Regionalverbände und befreundete Gewerkschaften ihre Unterstützung zurückhielten. Zu allem Überfluss begann der Streik im Frühjahr, so dass die Regierung die Energiereserven über den Sommer hinweg schonen konnte.

Dennoch dauerte der mit großer Bitterkeit geführte Arbeitskampf ein Jahr. In der Öffentlichkeit genossen die Streikenden viel Sympathie, da sie nicht für höheren Lohn, sondern den Erhalt ihrer Arbeitsplätze streikten. Doch die Regierung zeigte sich unnachgiebig. Die Front der Streikenden begann ab dem Jahresende zu bröckeln; im März 1985 kehrten die letzten Bergarbeiter in ihre Zechen zurück. Ein Jahr später scheiterten auch die Beschäftigten im Londoner Druckgewerbe mit einem Arbeitskampf, den der Verleger Rupert Murdoch durch gezielte Anwendung der neuen Gewerkschaftsgesetze gewann.

Damit war das Rückgrat der britischen Gewerkschaftsbewegung gebrochen – bis zum Ende der Amtszeit Thatchers verloren die Gewerkschaften ein Drittel ihrer Mitglieder und den größten Teil ihres politischen Einflusses. Zugleich zerbrachen aber auch langfristig gewachsene Solidarstrukturen der Arbeiterschaft, die in den von Zechenstilllegungen betroffenen Regionen zu einer industriellen und sozialen Verödung führten, die bis in die Gegenwart nicht bewältigt ist.

Die Härte gegenüber den Streikenden brachte der Regierung nicht unbedingt Sympathie, aber Anerkennung. Zu einem zeitweiligen Tiefpunkt des Ansehens kam es dagegen 1986, als sich das Kabinett über die Frage zerstritt, ob ein europäisches Konsortium oder ein amerikanisches Unternehmen den angeschlagenen Helikopterhersteller Westland übernehmen sollte. Die eigentlich nebensächliche Angelegenheit wuchs sich zum Skandal aus, als vertrauliche Dokumente an die Öffentlichkeit gelangten. Zwei Minister mussten zurücktreten, zeitweilig schien sogar das politische Überleben der Premierministerin selbst gefährdet zu sein. Gute ökonomische Daten trugen aber ein Jahr später dazu bei, dass die Konservativen ihre politische Dominanz bei der Parlamentswahl am 11. Juni 1987 verteidigen konnten. Sie gewannen mit nur leichten Verlusten beim Stimmenanteil (42,2%) und bei den Sitzen (21 weniger als 1983).

Das Image der Premierministerin, eine energische Kämpferin gegen den Sozialismus und eine unbeugsame Verfechterin der Umgestaltung ihres Landes hin zu einer wettbewerbsfähigen Volkswirtschaft zu sein, schien durch die aufwühlenden Arbeitskämpfe ihrer zweiten Amtszeit bestätigt. Sie selbst präsentierte die von ihr ergriffenen Maßnahmen als Schritte auf dem Weg zur moralischen Erneuerung der Gesellschaft. So erklärte sie im Februar 1990 in einer Rede vor der Jugendorganisation der Konservativen Partei, alle ihre Reformen dienten dem Ziel, eine größere Verantwortung aller gesellschaftlichen Gruppen für die Entwicklung des Gemeinwesens zu erreichen. Sie beschwor daher den Parteinachwuchs, sich nicht an den verblassenden Idealen der „permissiven sechziger Jahre“ zu orientieren, sondern das Familienleben zu stärken und sich an konservativen Werten zu orientieren.

Doch eine genaue Betrachtung zeigt hinter der „eisernen“ Maske widersprüchliche Effekte, die teilweise die eigenen Ansprüche konterkarierten. Die Privatisierungen und die Zurückdrängung der Gewerkschaften hatten Großbritanniens Wirtschaft in der Tat nachhaltig verändert, doch es gab Nebenwirkungen: Der produzierende Sektor schrumpfte, das Land wurde abhängiger vom Dienstleistungsbereich. Der ohnehin bereits feststellbare Bedeutungsverlust der klassischen Industriearbeit beschleunigte sich, während die urbane Mittelschicht einen sozialen und kulturellen Aufstieg erlebte. Von der allgemeinen Wohlstandssteigerung profitierte der Süden des Landes, während in Nordengland durch die Zechenstilllegungen weite Regionen in einen Transformationsprozess gezwungen wurden, dem sie nicht gewachsen waren. Dadurch vertiefte sich die ohnehin bestehende Kluft zwischen prosperierendem Süden und darbendem Norden zusätzlich. Ungefähr ein Fünftel der britischen Bevölkerung dürfte gegen Ende der Amtszeit Thatchers ökonomisch schlechter dagestanden haben als zuvor, während andere einen exorbitanten Reichtumszuwachs erlebten. Insbesondere die Deregulierung des Finanzsektors und die lockere Geldpolitik des

Schatzkanzlers Nigel Lawson lösten einen Konsumrausch aus, den Spekulationsgewinne an der Börse unterfütterten. Die damit einhergehende Zurschaustellung des Reichtums und die Veränderung moralischer Maßstäbe standen im krassen Gegensatz zu den von Thatcher beschworenen konservativen Werten: Gegen Ende ihrer Amtszeit waren Scheidungen und Abtreibungen gesellschaftlich breiter akzeptiert, Teenager-Schwangerschaften nahmen zu.

Obwohl Thatcher nicht alle Maßnahmen ihres Schatzkanzlers guthieß, erreichte sie es letztlich nicht, dass der Anteil der Staatsausgaben am Bruttosozialprodukt während ihrer Amtszeit fiel. Die Steuersenkungs- und Niedrigzinspolitik Lawsons konnte nur mühsam durch Privatisierungserlöse und Steuereinnahmen aus der Förderung des Nordsee-Öls gegenfinanziert werden. Sie heizte aber die Konjunktur an und leitete einen Boom mit inflationären Tendenzen ein, die den ursprünglichen Zielen Thatchers zuwiderliefen und die der Minister durch einen Beitritt zum Europäischen Wechselkursmechanismus in den Griff bekommen wollte. Thatchers Weigerung, dies zu unterstützten, führte zum Rücktritt des Ministers im Oktober 1989.

Viele Effekte der Thatcher-Reformen konterkarierten die damit verbundenen Ziele. Die Einführung neuer Management-Methoden in Behörden und im Gesundheitswesen ging mit einem Anwachsen der Bürokratisierung einher, das die angestrebten Effizienzgewinne teilweise wieder zunichte machte. Selbst die Privatisierungen brachten oft weder die erhoffte Wettbewerbssteigerung noch den Rückzug des Staates aus der Geschäftswelt. In vielen privatisierten Industrien bildeten sich nach einer gewissen Übergangszeit durch Zusammenschlüsse und Übernahmen neue Monopole heraus. Diese waren nun in privater, nicht in staatlicher Hand, aber dennoch vielfach mit der politischen Ebene verquickt. So zeigte sich in der Westland-Affäre 1986, dass ehemalige Minister und Berater Thatchers inzwischen in verschiedenen Funktionen für die Unternehmen tätig waren, die um die Übernahme des Helikopterbauers stritten. Der Vorwurf lag nahe, dass der Einfluss der Gewerkschaften lediglich durch den der Unternehmens- und Finanzwelt abgelöst worden sei.

So mündete der Kampf gegen den „Sozialismus“ teilweise in den paradoxen Effekt, die Formen der Verschränkung des Staates in die Wirtschaft nur zu verändern, dessen Rolle aber nicht zu reduzieren. Die Eingriffe der Regierung in die Lokalverwaltung, aber auch im Bildungswesen oder beim Ausbau der Polizei, stärkten die Zentrale sogar gegenüber zivilgesellschaftlichen Akteuren, so dass viele Beobachter sich um die Bewahrung bürgerlicher Freiheiten sorgten.

Die unmittelbaren Ergebnisse der Politik Thatchers waren also durchaus widersprüchlich. Dennoch war der Thatcherismus keine Chimäre. Mangelnde Konkretisierung und Defizite der Praxis änderten nichts am Bewusstsein der Akteure, am Projekt einer gesellschaftlichen Umgestaltung zu arbeiten, die durch die Schwächung der Gewerkschaften und die Umstellung der Wirtschaft durch die Privatisierungen in der Tat nachhaltig erfolgte. Allerdings war es nicht in erster Linie eine programmatische oder praktische Kohärenz, die den Thatcherismus zusammenhielt, sondern die klare Demonstration der Leitprinzipien durch seine politische „Frontfrau“ – die Premierministerin selbst personifizierte durch die Formen ihres Auftretens das Motiv des radikalen Bruchs mit den Konventionen der Nachkriegszeit. Zum Thatcherismus gehörte der durch die Persönlichkeit der Namensgeberin geprägte Regierungsstil unlösbar hinzu.

V.

„Iron Lady“ – Regierungsstil und Selbstinszenierung

Im Regierungsstil eines Premierministers treffen institutionelle Gegebenheiten und persönliche Charaktereigenschaften zusammen. Der Rahmen des politischen Systems gibt bestimmte Zuständigkeiten und Kompetenzfelder vor, der einzelne Politiker füllt diese mit seinen spezifischen Fähigkeiten und Schwerpunktsetzungen. Die jeweilige Auslegung von Handlungsspielräumen und Sachzwängen mündet in einen persönlichen Stil, der Faktoren wie die Kommunikation mit Kollegen und Öffentlichkeit, die Gestaltung von Entscheidungsprozessen oder die Auswahl von Beratern einschließt.

Als Premierministerin besetzte Margaret Thatcher die zentrale Position im britischen politischen System. Da sie sich stets auf klare Mehrheiten im Parlament stützen konnte, verlieh ihr das Amt vielfältige Möglichkeiten der Machtausübung. Sie bestimmte die einzelnen Fachminister, von denen die Unterstützung der Kabinettsbeschlüsse erwartet wurde, verfügte über ausgedehnte Patronagemöglichkeiten und prägte als Regierungschefin ohnehin die öffentliche Wahrnehmung der Politik. Zudem konnte sie zur eigenen Meinungsbildung auf Experten in der Strategieabteilung (*Policy Unit*) von No. 10 Downing Street und in den Planungsstäben der Konservativen Partei zurückgreifen.

Auch wenn sich an diesen äußeren Voraussetzungen im Laufe ihrer Regierungszeit nichts änderte, so drückte Thatcher dem System doch ihren Stempel auf. Allein schon durch die Dauer ihrer Amtszeit ließ es sich kaum vermeiden, dass diese Premierministerin den Regierungsapparat nachhaltig prägen würde. Es kamen aber im Falle Thatchers spezifische persönliche Voraussetzungen hinzu: Als erste Frau in einem jahrhundertelang von Männern geführten Amt und in einer weiterhin von männlichen Platzhirschen dominierten Umgebung war sie gezwungen, eigene Wege in der Ausgestaltung der Amtsführung zu finden. Zumindest in den ersten Jahren wurde sie von der Öffentlichkeit interessiert beäugt, solange es noch aufregend schien, zu sehen, wie eine Frau mit den Anforderungen der Regierungsführung zurechtkäme. Direkte Fragen zu diesem Thema parierte sie für gewöhnlich mit Schlagfertigkeit. So antwortete sie 1973 entwaffnend auf die in einem Interview in der BBC geäußerte Vermutung, Frauen seien für die Politik nicht aggressiv genug: „Ich würde nicht sagen, dass man mir gelegentlich mangelnde Aggression vorwerfen könnte.“ Dennoch war ihr bewusst, dass Genderstereotype sowohl eine Belastung wie auch eine Chance für ihre politische Selbstdarstellung bilden konnten. Sie entwickelte einen Regierungsstil, der sich durch energische Führung, geschicktes Management der Geschlechterfrage und überlegte Selbstinszenierung auszeichnete.

Aus ihrer bisherigen politischen Laufbahn brachte Thatcher Erfahrungen, Arbeitsweisen und Vorurteile mit, die sich auch auf ihren Führungsstil als Premierministerin auswirkten. Dazu gehörten ein in Einzelfällen zwar überwindbares, aber generell starkes Misstrauen gegenüber der Ministerialbürokratie, die energisches Handeln durch Lethargie oder kryptische Verfahrenswege zu verzögern schien, sowie die Selbstverpflichtung, ihr Land aus den verderblichen Klauen von Konsensverliebtheit und Kompromisslertum retten zu müssen. Diese Grundüberzeugung durchzog ihr Handeln als ein missionarisches Drängen, das ihrer Tätigkeit den Anschein von Energiegeladenheit, aber auch Unduldsamkeit gab. Bestand der Thatcherismus auch nicht in einem bis ins Letzte ausgearbeiteten Programm, so konnte man ihn doch stets erkennen am dramatisierenden Stil der Namensgeberin.

Nach ihren ersten Jahren vorsichtigen Agierens gestaltete Thatcher das Regieren ab der zweiten Amtszeit zunehmend nach eigenen Vorstellungen. Stärker als zuvor wurden alle Abläufe auf die Premierministerin und ihren unmittelbaren Beraterkreis zugeschnitten.

Unter früheren Premierministern war das Kabinett ein Diskussions- und Entscheidungsgremium gewesen, in dem Gesetzesvorlagen besprochen und die Leitlinien der Regierungspolitik geklärt wurden. Dies änderte sich unter Thatcher. Sie reduzierte die schon unter ihren Amtsvorgängern sinkende Zahl der Kabinettssitzungen weiter, so dass in der Regel nur maximal ein Treffen pro Woche stattfand. Die versammelten Minister sahen sich immer mehr zu betretenem Schweigen verdammt, da die Vorlagen ihrer Kabinettskollegen schon mit der Premierministerin abgestimmt oder in speziellen, von der Premierministerin handverlesenen Komitees vorbereitet worden waren. Wer Einwände hatte, konnte mit einem scharfen Verhör durch die Regierungschefin selbst rechnen. Thatcher sah in ihren Methoden den legitimen Versuch, Argumente sorgfältig auf ihre Stichhaltigkeit hin zu überprüfen und die Effizienz des Regierens zu erhöhen. Doch der Ton machte die Musik: Viele Minister fühlten sich vor den Kopf gestoßen, zumal die Premierministerin sich offenkundig nicht auf die Fachkompetenz ihres Kabinetts verließ. Neben den Informationen aus den Ministerien stützte sich Thatcher auf einen eigenen Beraterstab aus Vertrauten, der nur ihr persönlich zuarbeitete und sie mit zusätzlichen Informationen zu allen anstehenden Diskussionen versorgte. Die Minister fühlten sich kontrolliert und in ihrem eigenständigen Entscheidungsspielraum beschnitten – Frustration und Verärgerung waren die Folge, zumal die Premierministerin dazu neigte, im Fall von Widerspruch die Diskussion so lange zu führen, bis sie als Siegerin daraus hervorging. Wer ihr standhalten konnte, hatte die Chance, ihren Respekt zu gewinnen. Im einen wie im anderen Fall war es aber stets Thatcher, die in imperialer Manier den Daumen hob oder senkte.

Kam Thatcher nicht umhin, die Ratschläge ihrer Minister zu befolgen, obwohl sie von den vorgeschlagenen Maßnahmen nicht restlos überzeugt war, konnte sie regelrecht illoyal sein. Als ihr Schatzkanzler Geoffrey Howe bei der Vorbereitung des Haushalts 1981 auf einem niedrigen Einkommensteuersatz beharrte, gab sie nach, aber nicht ohne ihm klarzumachen, dass er im Fall eines Scheiterns den Kopf hinhalten müsse. Zur selben Zeit legte ihr langjähriger Vertrauter John Hoskyns eine schonungslose Analyse ihres Führungsstils vor, die der Thatcher-Biograph Charles Moore charakterisiert als „das wohl unverblümteste offizielle Dokument, das Downing Street jemals gesehen hatte“. Unter der Zwischenüberschrift „Your own leadership style is wrong“ hieß es darin: „You break every rule of good man-management. You bully your weaker colleagues. You criticize colleagues in front of each other and in front of their officials. [...] You give little praise or credit, and you are too ready to blame others when things go wrong.“ [Sie brechen jede Regel guten Personalmanagements. Sie schikanieren Ihre schwächeren Kollegen. Sie kritisieren Kollegen in Anwesenheit der anderen und von Beamten. Sie geben wenig Lob oder Vertrauen, und Sie beschuldigen zu schnell andere, wenn etwas schief geht.] Das Ergebnis sei Demoralisierung und die Gefahr einer internen Rebellion gegen die Premierministerin.

Hoskyns selbst hatte nicht den Eindruck, dass seine Ratschläge fruchteten, und in der Tat änderte Thatcher ihren Führungsstil nicht. Häufige Ministerwechsel waren die Folge. Im Verlauf ihrer Amtszeit verließen insgesamt 36 Minister das Kabinett. Die größte Erschütterung brachte der Rücktritt des Schatzkanzlers Nigel Lawson im Oktober 1989. Thatcher hatte seine Position in der zentralen Frage der Wechselkurspolitik geschwächt, indem sie unabhängigen Expertenrat bei dem monetaristischen Ökonomen Alan Walters einholte. Wie Lawson in seinen Memoiren deutlich machte, lösten nicht die Differenzen zwischen der Premierministerin und ihm in dieser entscheidenden finanzpolitischen Frage seinen Rücktritt aus – entnervt war er vor allem durch Thatchers „andauernde öffentliche Bloßstellung dieser Differenzen, wovon Walters das offensichtlichste Symbol war“.

Von Thatchers ursprünglicher Ministerriege war kurz vor Ende ihrer Amtszeit nur der offenbar besonders leidensfähige Geoffrey Howe übrig geblieben, der sich aber nach treuen Diensten als Finanz- und Außenminister aufgrund seiner Demontage zum *Leader of the House of Commons* zu einem überraschend gefährlichen Gegner entwickeln sollte. Selbst Personen, die auf angesehene Positionen – wie beispielsweise ins Oberhaus – „weggelobt“ wurden, bildeten ein über die Jahre anwachsendes Reservoir an Unzufriedenen, von denen manch einer nur auf die Gelegenheit zur Revanche wartete. Als sich im November 1990 Thatchers Sturz abzeichnete, notierte einer ihrer größten Bewunderer, der konservative Abgeordnete Alan Clark, entgeistert in seinem Tagebuch, auch nach 15 Jahren an der Parteispitze könne man ihre rachedurstigen Gegner weiterhin durch die Flure des Parlamentsgebäudes streifen sehen: „Mir fällt kein einziger Thatcher-Gegner ein, der während dieser gesamten Zeit gestorben oder ausgeschieden wäre.“

Thatcher nutzte die häufigen Ministerwechsel, um den Kreis von ihr abhängiger Personen im Kabinett zu erhöhen. Hatte sie in der ersten Amtszeit noch darauf geachtet, angesehene Persönlichkeiten aller Parteiflügel in ihr Kabinett einzubinden, setzte sie ab der zweiten Amtszeit zunehmend auf Linientreue. Sprichwörtlich wurde die Frage, mit der sie angeblich auf Besetzungsvorschläge reagierte: „Is he one of us?“ [Ist er einer von uns?] Diesen Maßstab legte sie auch ungeniert der Nutzung ihrer Patronagemöglichkeiten zugrunde. Bei Ehrungen wie Erhebungen in den Adelsstand belohnte sie loyale Weggefährten, vor allem aber auch regierungsnahe Verleger und Journalisten, lokale Parteiaktivisten oder wichtige Industrielle und Bankiers. Das gleiche Loyalitätskriterium galt für die Ernennung von Bischöfen oder die Besetzung von Leitungsgremien bei der Bahn, der Bank of England, der BBC oder im kulturellen Bereich. Auch in diesen Fällen nutzte sie ein legitimes Instrument der Regierung in ungewohnt parteiischer Weise.

Sie selbst beanspruchte, durch die Berücksichtigung zahlreicher Wirtschaftsführer für hohe Auszeichnungen Zeichen eines Wertewandels zu setzen: War Großbritannien nicht durch die Geringschätzung des Unternehmertums in eine ökonomische Abwärtsspirale geraten, gegen die ihre Regierung sich stemmte? Die Würdigung von Industriellen und Bankvorständen symbolisiere die neue Wertschätzung für Individualität und Innovationsgeist. Diese Argumentation konnte aber grundlegende Bedenken nicht zerstreuen – zu eklatant war die Belohnung von Personen, die namhafte Summen für die Parteikasse der Tories gespendet hatten, zu auffällig die Besetzung von Untersuchungskommissionen mit Personen, die ein Eigeninteresse an deren Ergebnissen hatten, zu offensichtlich die vorausgesetzte Affinität zur eigenen Partei. Statt eines meritokratischen Effekts setzte sich in den langen Jahren konservativer Regierung von 1979 bis 1997 letztlich der Eindruck fest, Industrie, Finanzwelt und Politik seien in undurchsichtigen Netzwerken miteinander verquickt. Unter Thatchers Nachfolger John Major entwickelte sich der Filz der Konservativen (*Tory Sleaze*) in der öffentlichen Wahrnehmung zu einem unentwirrbaren Knäuel, das 1997 zur Abwahl der Partei beitrug.

Eine zentrale Rolle im Machtgefüge der Premierministerin spielte ihr Pressesekretär, Bernard Ingham. Er bildete von November 1979 bis zu ihrem Sturz 1990 Thatchers Fenster zur Welt, und zwar in beide Richtungen: Fast jeden Morgen um neun Uhr ging er mit ihr eine eigens zusammengestellte Presseschau durch, die Thatcher als Hauptinformationsquelle über aktuelle Entwicklungen diente. Zugleich repräsentierte der bullige, häufig ruppige Mann die Regierungspolitik gegenüber der Öffentlichkeit. Dies tat er ausdrücklich als Vertrauter der Premierministerin, so dass die übrigen Minister auch in der Außendarstellung der Regierungsarbeit im Schatten der Chefin blieben. Im Sinne der Premierministerin agierte Ingham auch nicht zimperlich, wenn es angebracht schien, Kollegen durch gezielte Nadelstiche gegenüber der Presse zu demontieren – sehr bedauerlich, wenn der ein oder andere Amtsträger danach untragbar wurde und ausgetauscht werden musste. Ingham erweist sich im Rückblick als ein Vorläufer der *spin doctors*, die unter „New Labour" ab 1997 das Image der Regierung aus No. 10 Downing Street steuerten, wenngleich er gegenüber den kühlen Machern der Jahrtausendwende eher wie ein ungeschliffener Rohdiamant der Meinungsmache erscheinen mag.

Die Amtsführung der Premierministerin wurde wegen der Konzentration auf ihre Person als „Präsidialisierung" des britischen politischen Systems oder gar polemisch – unter Verwendung eines bereits vor ihrer Amtszeit geprägten Begriffs – als „gewählte Diktatur“ (*elective dictatorship*) charakterisiert. Diese Deutungen reflektieren die Frustrationen der Zeitgenossen angesichts der Dominanz einer Persönlichkeit, der sie ein Jahrzehnt lang scheinbar nicht entrinnen konnten. Bei allen bedenklichen Nebeneffekten des Thatcher-Stils, die sich teilweise am Ende ihrer Amtszeit gegen sie selbst richteten, kam es jedoch nie zu den grundlegenden Veränderungen am britischen Verfassungsgefüge, die beide Konzepte letztlich suggerieren. Der Regierungsstil Thatchers reflektierte eher die ambivalenten Charakterzüge ihrer Persönlichkeit, die ihr einerseits außergewöhnliche politische Leistungen erlaubten, andererseits aber den Bogen letztlich überspannten und mit zu ihrem Sturz beitrugen.

Thatcher zeigte eine an Besessenheit grenzende Hingabe an die politische Tätigkeit. Obwohl sie in den Zeiten ihres politischen Aufstiegs eine Familie zu versorgen hatte, gönnte sie sich kaum Freizeit von der Politik. Immer wieder waren ihre Kollegen und Gesprächspartner im In- und Ausland beeindruckt von der Sorgfalt, mit der sie bei Beratungen auf alle anstehenden Themen vorbereitet war. Dieser enorme Fleiß, gepaart mit einem scharfen Verstand, machte sie zu einer anregenden, oft aber auch anstrengenden Gesprächspartnerin. Helmut Kohls außenpolitischer Berater Horst Teltschik hielt diese zwiespältige Wirkung nach mehreren Unterredungen deutscher Delegationen mit ihr im März 1990 in seinem Tagebuch fest: „Sie verfügt über große Detailkenntnis, ist meist sehr gut vorbereitet, fragt präzise nach, hört Gesprächspartnern genau zu und geht konkret auf sie ein.“ Im Satz zuvor hatte er aber auch geschrieben: „Margaret Thatcher weiß, was sie will, sie vertritt ihre Positionen unerschrocken und nimmt auf mögliche Empfindlichkeiten ihrer Gesprächspartner wenig Rücksicht.“ Dies ist nur einer von zahllosen Belegen für die kämpferische Leidenschaftlichkeit ihrer Diskussionsführung, die es ausschloss, in ihrem Beisein entspannte Konversation zu betreiben. Der Osteuropa-Experte George Urban hielt im Dezember 1989 nach einem Mittagessen mit ihr fest: „She was in top gear, friendly, but combative, with ‚steam coming out of both ears‘“. [Sie war in Höchstform, freundlich, aber kämpferisch, ‚aus beiden Ohren dampfend‘.]

Thatchers unbedingter Wille zur Diskussion schloss somit weder konzentriertes Zuhören noch die heftige Einschüchterung des Gegenübers aus. Sie war keineswegs abgeneigt, die Gegenposition zu von ihr favorisierten Argumenten zu hören und Lösungswege zu durchdenken. Im März 1990 erklärte sie ihr häufig als brüskierend empfundenes Verhalten mit dem Anspruch auf gründliches Denken: „Ich bestehe darauf, dass unsere Probleme rigoros durchdacht und erwogen werden sollten.“ Doch nach Meinung vieler Beobachter diente ihr die Diskussion häufig eher der Schärfung ihrer bereits feststehenden Meinung als der Suche nach der besten Lösung in einer umstrittenen Frage. Der Grad an Vehemenz, mit dem sie auftrat, variierte selbstverständlich je nach Gesprächspartner, Anlass und Ort einer Unterredung. So lud sie gelegentlich angesehene Wissenschaftler zu Wochenend-Seminaren auf ihren Landsitz Chequers ein, um ihre Position zu grundsätzlichen politischen Fragen zu reflektieren. Bei diesen Gelegenheiten konnten die Debatten ebenfalls hitzig sein, verloren aber nicht den Charakter eines intellektuellen Austauschs unter gleichberechtigten Diskussionspartnern. Anders sah dies im Kabinett oder auf internationalen Gipfeltreffen aus. Hier ging es oft darum, in einer Auseinandersetzung die eigene Position durchzusetzen, nicht selten gegen rangniedrigere Kollegen. In solchen Fällen schien Thatcher Kompromissbereitschaft oft als eine Schwäche zu interpretieren, deren sie sich nicht schuldig machen wollte. Entsprechend unerquicklich konnten solche Gespräche für die übrigen Beteiligten verlaufen. Thatchers Stärken der engagierten Diskussion und Konzentration auf Details waren somit ein Schlüssel für Erfolg und Durchsetzungsfähigkeit, zugleich aber eine Hypothek für die Zukunft, wenn die Premierministerin andere ihre Überlegenheit spüren ließ oder sie gar zu schikanieren schien.

So unduldsam Thatcher gegenüber ihren Kabinettskollegen sein konnte, so rücksichtsvoll war sie allerdings gegenüber ihrem Mitarbeiterstab. Personen, die nicht als Teil des politischen Ringens wahrgenommen wurden, wie Sekretärinnen, Fahrer, Hausmeister, erhielten von ihr eine fast schon mütterliche Aufmerksamkeit. Mit demselben Blick für Details, der ihren Ministern häufig das Leben schwer machte, nahm die Premierministerin Anteil am Wohlergehen ihrer Mitarbeiter. Aufrichtiges Mitgefühl bei Schicksalsschlägen in den Familien und Kalkül schlossen sich dabei nicht aus – ein funktionierender Stab erleichterte den reibungslosen Tagesablauf und damit die Bündelung der Konzentration auf die Regierungsarbeit. Allerdings zeigt diese Facette ihres Handelns, dass die Premierministerin ihre Rolle als Anwältin der „einfachen Leute" in ihrem Umfeld durchaus ernst nahm, Persönlichkeit und Politik also auch an dieser Stelle ineinander griffen.

Selbst wenn Thatcher selbst dies nicht offen zugeben wollte, spielte für die Gestaltung ihres Regierungsstils auch ihr Geschlecht eine wichtige Rolle. In ihrer ersten Pressekonferenz nach der Wahl zur Oppositionsführerin bot es den Anlass zu zahlreichen Fragen. Sie parierte diese meist mit trockenem Humor. Auf die Frage, ob sie überrascht sei, von einer männerdominierten Partei in ihr neues Amt gewählt worden zu sein, entgegnete Thatcher unter dem Gelächter der Anwesenden: „No, they seem to like ladies." [Nein, sie scheinen Damen zu mögen.] Vor allem aber betonte sie, politische Spitzenämter erlange man unabhängig vom Geschlecht durch Leistung (*merit*). Trotz dieses Bestrebens, ihr Geschlecht als irrelevant für die Beurteilung ihrer politischen Tätigkeit zu präsentieren, setzte Thatcher ihre Weiblichkeit aber sehr wohl bewusst in ihrer Selbstinszenierung ein. Dies begann bereits bei der Kleidung: Zwar trugen ihre gediegenen, stets makellosen Outfits und die sorgfältig aufgetürmte Frisur ihr mancherlei Spott ein, sie sprachen aber traditionalistische Wählerschichten an und trugen bei zum Eindruck einer soliden Bodenständigkeit. Bei wichtigen Auftritten stimmte sie die Farbe ihrer Kleider auf den Anlass ab: So griff sie gerne zu Blau für konservative Parteitage, orientierte sich bei Staatsbesuchen gelegentlich an den jeweiligen Nationalfarben und legte ironisch ein rotes Kleid an, als sie sich 1976 in einer Rede vor Parteimitgliedern ihres Wahlkreises als „Iron Lady of the Western world" vorstellte.

Durch die farblichen Akzente ihrer Kleidung hatte sie die Chance, als einzige Frau in den grauschwarzen Männerrunden, die sie meist umgaben, die Aufmerksamkeit auf sich zu ziehen. Auch dies war durchaus beabsichtigt. Viele Beobachter hielten es nicht für Zufall, dass Thatcher bei allen Ministerrochaden keine weitere Frau ins Kabinett berief. Sie genoss es, alleiniger Mittelpunkt einer gewissen männlichen Galanterie gegenüber der weiblichen Kollegin zu sein und nutzte dieses Rollenverhalten ihrer Umgebung geschickt als Machtressource. Häufig hatte sie es mit Zöglingen des britischen Privatschulsystems oder Angehörigen der Oberschicht zu tun, deren anerzogener Habitus es erschwerte, mit Thatchers als schroff empfundener Direktheit umzugehen. Konsterniert mussten sich die Herren beispielsweise daran gewöhnen, dass die Premierministerin ihnen ins Wort zu fallen pflegte, ohne dass sie in gleicher Weise reagieren konnten. Selbst einflussreiche Minister wie Geoffrey Howe oder Douglas Hurd brachten es oft nicht fertig, sich im Gespräch mit Nachdruck gegenüber der Premierministerin zu behaupten. In seinem bereits erwähnten Memorandum von 1981 erfasste John Hoskyns ihr Dilemma: „They can't answer back without appearing disrespectful, in front of others, to a woman and to a Prime Minister." [Sie können – ohne respektlos zu erscheinen – in Gegenwart anderer einer Frau und Premierministerin nicht widersprechen.] Es dürfte kein Zufall sein, dass Hoskyns an dieser Stelle das Geschlecht vor dem Amt anführte.

Häufig wird vermutet, Thatchers Auftreten gegenüber ihren männlichen Kollegen habe dem Archetyp einer strengen Mutter oder Lehrerin entsprochen und so eine unterschwellige Autoritätsakzeptanz der Männer gegenüber einer weiblichen Respektsperson aktiviert. Sicher ist, dass Thatcher als weibliches Zentrum des Westminster-Kosmos auf manche Männer nicht nur einschüchternd, sondern geradezu erotisierend wirkte. Kaum jemand sprach über seine Verehrung direkter als der bereits erwähnte Alan Clark, der dafür bekannt war, in seinen Äußerungen nicht immer die Grenzen des guten Geschmacks zu würdigen. Nachdem sie ihm im Februar 1980 elegant zurechtgemacht für ein Fernsehinterview begegnet war, notierte er in seinem Tagebuch: „Meine Güte, sie ist *so* schön; [...] ganz bezaubernd, wie auch Eva Peron gewesen sein muss. Ich konnte meine Augen nicht von ihr lassen [...].“ Bei anderer Gelegenheit soll er sogar gesagt haben, er wolle keine Penetration, sondern nur einen dicken Schmatzer von ihr.

Auch wenn Clark ein extremer Fall ist, gibt es zahlreiche Äußerungen männlicher Zeitgenossen, die Thatchers Ausstrahlung bezeugen. Die Premierministerin wusste sich diese Attraktivität zunutze zu machen. Gelegentlich suchte sie bei festgefahrenen Diskussionen eine informelle Atmosphäre im kleinen Kreis zu erzeugen, indem sie in ihren Räumlichkeiten in Downing Street die Schuhe abwarf, sich mit verschränkten Beinen auf dem Sofa niederließ und aus dieser Position heraus Hof hielt. Offenbar waren viele Männer empfänglich für den Reiz dieser Pose, allerdings nicht alle: Der anderthalb Jahrzehnte jüngere Oppositionsführer Neil Kinnock empfand es eher als peinliche Koketterie, dass eine Dame über sechzig in einem Gespräch mit ihm auf diese Weise Vertraulichkeit suggerierte.

Auch in der öffentlichen Selbstdarstellung Thatchers spielte der Geschlechteraspekt eine wesentliche Rolle, obwohl ihre Politik das Gegenteil anzudeuten schien: Sie setzte sich kaum für die Gleichbehandlung von Frauen am Arbeitsplatz und beim Arbeitslohn ein, kümmerte sich wenig um die Vereinbarkeit von Familie und Beruf und zeigte grundsätzlich wenig Verständnis für Fragen der Gleichberechtigung. Aus der Sicht von Feministinnen war die erste Premierministerin eine Enttäuschung. Bei den Wahlen verringerte sich im Verlauf ihrer Amtszeit der Stimmenanteil der Frauen für die Konservative Partei, insbesondere in der jüngeren Generation. Trotz dieses Trends war Thatcher aber insgesamt bei den Wählerinnen erfolgreich – sie konnte stets die relative Mehrheit der weiblichen Stimmen erringen. Dies gelang ihr, weil sie durchaus eine Form weiblichen Selbstbewusstseins repräsentierte, mit dem sich gerade viele ältere Frauen identifizieren konnten: das Bild der Frau als kompetenter Gestalterin des Alltags. Ihre Klientel waren nicht die im öffentlichen Ringen um Emanzipationsfragen stehenden Feministinnen, sondern die von ihr idealisierten Hausfrauen, die das Familienbudget ausbalancieren, den Haushalt führen und die Kinder versorgen mussten – und die nicht daran dachten, gegen diese Rolle zu rebellieren. Deren Leistungen wertete Thatcher rhetorisch auf und präsentierte sich nicht nur als Fürsprecherin, sondern als Verkörperung dieses Frauentyps: Sie war die schlichte Hausfrau, die es aus einfachen Verhältnissen an die Spitze ihres Landes geschafft hatte und die Werte ihrer Geschlechtsgenossinnen zur Richtschnur der Politik erhob.

Diese Selbstdarstellung wirkt absurd, bedenkt man die Kluft zwischen dem hier beschworenen Hausfrauenbild und einer Spitzenpolitikerin, die zwei Universitätsabschlüsse und einen Millionär als Ehegatten vorweisen konnte, von ihrem nationalen und internationalen Renommee ganz zu schweigen. Dennoch überzeugte Thatcher in der Rolle der Karriere-Hausfrau. Die Tochter eines Gemischtwarenhändlers spielte nicht nur geschickt ihre Herkunft aus, sondern sie transponierte das Kategoriensystem der sparsamen Hausfrau zum großen Verdruss ihrer Verächter tatsächlich nachvollziehbar auf die Ebene der großen Politik. Der Staatshaushalt war in ihrer Darstellung nichts anderes als eine ins Große gesteigerte Variante des Familienbudgets und sollte nach dessen Maßstäben gestaltet werden: Nicht mehr ausgeben, als man einnehmen kann. Die Stabilität der Währung war der Anker, an dem das Wohlergeben des privaten Haushalts hing. Wenn Thatcher 1979 im Wahlkampf die Teuerungsrate bei Lebensmitteln anprangerte, dann war ihr Warenkorb keine abstrakte volkswirtschaftliche Größe, sondern sie posierte mit Einkaufsbeuteln, deren unterschiedliche Befüllung die Geldentwertung zu verschiedenen Zeitpunkten optisch erfahrbar machte. Auch im Amt blieb sie interessiert an den Kosten für Grundnahrungsmittel; diese Bodenständigkeit trug ihr die Häme eines Teils der Intelligenz, aber Sympathien in der Wählerschaft ein. Ein propagandistischer Coup gelang ihr 1974 zur Zeit der Kandidatur um den Parteivorsitz: In einem Interview hatte sie vor den Gefahren der Inflation gewarnt und unbedacht berichtet, sie habe sich zu Hause einen kleinen Vorrat an Konservendosen mit proteinreicher Nahrung angelegt, da der Preis dieser Waren rasch ansteige. Ihre innerparteilichen Gegner attackierten sie daraufhin mit dem Vorwurf, sie „horte“ Lebensmittel. Dies drohte, sie lächerlich zu machen, überdies weckte es ungute Erinnerungen an unsolidarisches Verhalten in Kriegszeiten. Thatcher ging in die Offensive, lud Journalisten zu sich nach Hause ein und ließ sich vor geöffnetem Vorratsschrank fotografieren. Dessen Inhalt unterschied sich nicht von dem in zahllosen Haushalten im ganzen Land. Im Gegensatz zu ihren Kritikern erschien sie nun als diejenige, die die Lebensbedingungen des Volkes kannte und teilte – hier war eine Politikerin, die nicht die Bodenhaftung verloren hatte.

Geschickt nutzte Thatcher die Rhetorik weiblicher Kompetenz, um sich als Alternative im männlich dominierten Politikbetrieb zu positionieren. Schon 1965 setzte sie in einer Rede weibliches Tun gegen männliche Großsprecherei: „In politics, if you want something said, ask a man; if you want something done, ask a woman.“ [Wenn ihr in der Politik etwas gesagt haben wollt, fragt einen Mann; wenn ihr etwas erledigt haben wollt, fragt eine Frau.] Auf dieses Motiv griff sie immer wieder gerne zurück, so auch in der ersten Pressekonferenz nach ihrer Wahl zur Oppositionsführerin. Von einem männlichen Journalisten aufgefordert, die Antwort auf eine Frage etwas weiter auszuführen, weigerte sie sich mit dem Hinweis: „Men like long rambly, waffly answers.“ [Männer mögen lange weitschweifige, schwafelige Antworten.] Mit diesem Redemuster unterstrich sie ihren Anspruch, mit dem eigenen Amtsantritt werde ein neuer Politikstil verbunden sein, der klares „weibliches“ Handeln statt ziellosen „männlichen“ Debattierens bringen werde. Raffiniert verkehrte sie auf diese Weise die verbreiteten Klischees von männlicher Aktivität und weiblicher Passivität in ihr Gegenteil, obwohl sie gleichzeitig das klassische Rollenbild bekräftigte, das als Sphäre der Frau den Haushalt ansah. Ihre eigene politische Rolle war damit ebenfalls erklärt: Das Land hatte eine Hausfrau nötig, die die Zügel in die Hand nahm, um es aus den Abgründen des männlichen Missmanagements zu befreien. Als Oppositionsführerin und als Premierministerin inszenierte sich Thatcher als eine Persönlichkeit, deren persönliche Voraussetzungen sie zu dieser Aufräumarbeit prädestinierten.

Am 30. Januar 1978 sendete der private Fernsehkanal Granada in seinem politischen Magazin *World in Action* ein Interview mit Margaret Thatcher. Darin stellte die Oppositionsführerin fest, viele Briten seien in Sorge, durch die Zuwanderung von Menschen mit einem anderen kulturellen Hintergrund überschwemmt (*swamped*) zu werden.

Thatcher befand sich im Vorwahlkampf für eine bald erwartete Parlamentswahl. Ihre Aussage bezog sich auf die Immigration aus Ländern des New Commonwealth (wie Pakistan und Indien), die der rechtsradikalen National Front zur Stimmungsmache diente. Als erste Spitzenpolitikerin seit den sechziger Jahren brach Thatcher durch die wohlüberlegte Verwendung des suggestiven Begriffes *swamped* einen unausgesprochenen Konsens der parlamentarischen Parteien, die Einwanderung nicht zum Wahlkampfthema zu machen. Rassismusvorwürfe und Demonstrationen, aber auch über 10.000 zustimmende Briefe waren die unmittelbare Folge ihres Auftritts. Dieser ist darüber hinaus in mehrfacher Hinsicht bezeichnend für Thatchers Kunst der Selbstinszenierung: Erstens nutzte sie für ihre Aussage ein populäres Medienformat, das ihr breite Aufmerksamkeit sicherte. Zweitens unternahm sie ihren Vorstoß im Alleingang, so dass niemand sich ihrem Vorhaben in den Weg stellen konnte; nicht einmal den zuständigen Schatten-Innenminister William Whitelaw informierte sie. Drittens beging sie einen kalkulierten Tabubruch, der sie als Identifikationsfigur für unzufriedene Wählergruppen etablierte, ohne dass sie letztlich konkrete Lösungsvorschläge für das von ihr konstatierte Problem unterbreitet hätte. Im Gegenteil – sie gab vor, nicht über die Einwanderungsfrage, sondern nur über die Ängste einer schweigenden Mehrheit zu sprechen. Dazu sei sie aus politischer Verantwortung gezwungen, um diese Menschen nicht den Fängen der Rechtsradikalen zu überlassen. Damit bediente sie sich eines bewährten rhetorischen Tricks, den bereits der Konservative Enoch Powell 1968 in einer berüchtigten

Rede angewandt hatte, als er ebenfalls im Namen besorgter Bürger vor den Gefahren der Einwanderung gewarnt hatte. Ihn hatte dies seine Position im Schattenkabinett Edward Heaths gekostet – Thatcher gewann im Folgejahr die Wahl. Als Oppositionsführerin hatte sie mit Umsicht die verschiedenen Flügel ihrer Partei zusammenzuhalten. Sie musste sich daher mit dezidierten programmatischen Äußerungen, die im eigenen Lager auf Gegenwind gestoßen wären, zurückhalten. Durch das Granada-Interview hatte sie aber potentiellen Unterstützern eines radikalen Kurses signalisiert, auf wen sie in Zukunft setzen konnten. Wie der Historiker John Campbell gezeigt hat, liefen die verschiedenen Dimensionen ihres Auftrittes alle in einem Ziel zusammen: In Szene gesetzt wurde nicht ihr politisches Programm, sondern ihre Person.

Thatcher erweist sich an diesem Beispiel als professionelle, vielleicht sogar skrupellose Medienpolitikerin, die die Mechanismen einer vorhersehbaren öffentlichen Debatte gekonnt zur eigenen Inszenierung in Gang setzt. Schon seit den ersten Auftritten der jungen Parlamentskandidatin für den Wahlkreis Dartford hatte Thatcher ein natürliches Talent für die medienwirksame Selbstdarstellung durch aufmerksamkeitsheischende Aktionen bewiesen. Ihr sichtbarer Ehrgeiz und die Aggressivität ihres Auftretens ließen sie aber oft verbissen erscheinen, ihre Unnachgiebigkeit ging nahtlos in Sturheit über, manche radikalen Ansichten erschienen vielen gerade aus weiblichem Munde gewöhnungsbedürftig. Obwohl sie durchaus gezielt Charme einsetzen konnte, wirkte sie letztlich für eine Politikerin mit großen Ambitionen zu wenig einnehmend, um Sympathien in der Wählerschaft hervorzurufen.

Thatcher selbst fühlte sich unbehaglich bei Fernsehauftritten, aber auch im Parlament, wo sie noch als Oppositionsführerin den Spott der meist männlichen Regierungsabgeordneten wegen gelegentlicher hoher, schriller Töne in ihren Reden über sich ergehen lassen musste. Doch so stur Thatcher in inhaltlichen Fragen auf ihren Meinungen beharren konnte, so zugänglich war sie Ratschlägen zur Professionalisierung ihrer Selbstdarstellung. Zur Zeit des Kampfes um den Parteivorsitz stellte sie ein Team um den Journalis-

Der Vorratsschrank als Argument: Margaret Thatcher während des Wahlkampfs um den Parteivorsitz (Dezember 1974) © Daily Mail/Solo Syndication

Mit Churchill im Rücken streitet Margaret Thatcher im März 1975
für den Verbleib Großbritanniens in der EG
© Philippe Achache/Gamma Rapho

ten und Fernsehproduzenten Gordon Reece zusammen, das sie einer Generalüberholung unterzog. Dies fing bei der äußeren Erscheinung an: Sie ließ sich überzeugen, auf die von ihr geliebten Hüte weitgehend zu verzichten, ihre Frisur zu verändern und schlichter geschnittene Kleidung zu tragen. Einen nachhaltigen Effekt hatten Sprechübungen, durch die Thatcher ihre Stimmlage abdunkelte. Es entstand der autoritative Thatcher-Ton, für den sie zudem noch ihren Oberschichten-Akzent abmildern musste, den sich das Mädchen aus der Mittelschicht in ihrer Jugend überhaupt erst antrainiert hatte.

Der gewiefte Fernsehmann Reece beriet Thatcher auch bei ihren TV-Auftritten. Sie gewöhnte sich einen gelasseneren Tonfall gegenüber den Interviewern an, reagierte weniger aggressiv oder belehrend auf deren Fragen und minderte ihr Sprechtempo, so dass sie auch vor der Kamera souveräner erschien. Zudem entwickelte ihr Team eine ausgeklügelte Strategie für die Printmedien: Thatcher gab seit den Oppositionsjahren gerne Interviews für Frauen- und Modejournale. Diese Kanäle erschlossen ihr Leser- und damit Wählerschichten, die über den politischen Qualitätsjournalismus in der Regel nicht zu erreichen waren. Ziel und Ergebnis aller Veränderungen war kein grundsätzlicher Imagewechsel, sondern die Entwicklung eines Thatcher angemessenen Stils des Auftretens. Es galt zunächst, die passenden Formen für eine Politikerin zu finden, die vom Publikum als erste Frau in der Geschichte des Landes als plausible Kandidatin für das Amt des Premierministers akzeptiert werden sollte, nach dem Wahlsieg dann ihre Autorität zu unterstreichen.

Thatcher nutzte weiterhin ihr gutes Gespür für öffentlichkeitswirksame Gesten und Auftritte. So ließ sie sich im Wahlkampf 1979 beim Ortstermin auf einem Bauernhof ein Kalb in den Arm legen und hielt es dort so lange, bis alle anwesenden Journalisten ihre Fotos gemacht hatten. Auch als Premierministerin nutzte sie entsprechende Gelegenheiten zur Bilderproduktion, sei es, dass sie Bergmannskluft anlegte, in einen Panzer stieg oder sich bei der Arbeit im Büro ablichten ließ. Sie wusste zugleich Situationen zu vermeiden, die sie der Lächerlichkeit preisgegeben hätten – so bestieg sie keine Kamele, wenn sie bei Auslandsbesuchen im arabischen Raum dazu ermuntert wurde.

Allerdings strahlten ihre Auftritte weiterhin eine gewisse Distanz aus. Kumpelhaftigkeit lag ihr nicht; viele Beobachter sprachen von einer Aura, die sie umgab, so dass sie beispielsweise beim Betreten eines Raumes die Aufmerksamkeit aller Anwesenden auf sich gezogen habe. Allerdings hatte dieser Effekt gleichzeitig etwas Bühnenartiges, das die Hauptdarstellerin einerseits nahe brachte, andererseits aber auf Distanz vom Publikum hielt. Zudem verkörperte sie für viele Kritiker auch als Erwachsene noch den Typus der ordentlichen, etwas gezierten, ein wenig pedantischen Musterschülerin, deren Fähigkeiten man anerkennen muss, die aber zugleich trotz aller praktischen Begabungen in manchen Lebensbereichen eher unerfahren wirkt. So präsentierte Thatcher 1975 während eines Deutschland-Besuchs den versammelten Journalisten das *Victory*-Zeichen, als ihr vom Erfolg bei einer Nachwahl in der Heimat berichtet wurde. Allerdings hielt sie dabei den Handrücken nach außen. Ihre Berater hatten später große Mühe, ihr klarzumachen, dass diese Form der Handhaltung üblicherweise als obszöne Geste galt. Mit solchen Abgründen der modernen Kultur war die stets auf Politik fixierte, allen Frivolitäten und oberflächlicher Unterhaltung abholde Margaret offenbar nie in Berührung gekommen.

Auch eine mitreißende Rednerin war Thatcher von Haus aus nicht. Dazu trug ihre Stimme bei. Sie erhielt nach der Absenkung des Timbres eine gewisse monotone Note, die von manchen als herablassend empfunden wurde. Zudem las sie ihre Reden meist vom Blatt ab. Dennoch reagierte sie als erfahrene Debattenrednerin gewitzt auf Zwischenrufe und entwickelte schon früh einen effektvollen Redestil, der die Zuhörer in ihren Bann zog. Thatchers oratorisches Charisma beruhte auf einer minutiösen Vorbereitung. Schon die junge konservative Parlamentskandidatin Margaret Roberts war gelobt worden für die Klarheit der Gedankenführung in ihren Wahlkampfreden. Die Premierministerin arbeitete an den großen Auftritten, wie den Parteitagsreden, oft monatelang mit einem eingespielten Beraterteam. Sie selbst war in alle Stufen der häufig quälend langsamen Manuskripterstellung involviert und schildert in ihren Memoiren, wie sie von Entwürfen umgeben auf dem Boden saß, um die Bausteine der Reden zusammenzufügen. Ein Mitarbeiter Thatchers hat errechnet, dass die Premierministerin im Fall der Parteitagsreden ungefähr zwei Stunden Vorbereitung pro gesprochener Minute aufgebracht habe. In dieser sicher etwas zugespitzten Kalkulation noch nicht enthalten ist der Beitrag des Beraterstabes, der ein Vielfaches an Zeit in die Anfertigung der Manuskripte investierte, oft unter dem Druck einer kritischen Chefin, die tagelange Formulierungsbemühungen in wenigen Minuten durch Einwände zunichte machen konnte. Wie die Imageberatung durch Reece unterstützten die Redenschreiber Thatcher dabei, einen Stil zu entwickeln, der zu ihrer Persönlichkeit und Aussageabsicht passte: Der typische Thatcher-Duktus bestand aus knappen Sätzen, in denen klar die eigenen Positionen dargestellt und von Gegenpositionen abgegrenzt wurden, der aber auch durch sarkastische Zuspitzungen oder Humor aufgelockert war.

Allerdings waren auch diese Auflockerungselemente in der Regel Ergebnis penibler Vorbereitung und selten spontan. Als Beispiel kann Thatchers letzte Parteitagsrede im Oktober 1990 dienen. Die Premierministerin erntete Beifallsstürme, als sie – ohne eine Miene zu verziehen – Auszüge aus einem in Großbritannien jedermann bekannten Sketch der Komikertruppe Monty Python vortrug. Anlass war das neue Logo der oppositionellen Liberal Party, ein stilisierter Vogel, den die Rednerin mit einem toten Papagei aus dem Sketch verglich. Schon den ersten Satz erkannte das Publikum sofort und reagierte mit begeistertem Jubel: „This is an ex-parrot." Die Pointe zündete fabelhaft – doch sie war hart erarbeitet. Thatcher kannte weder den toten Papagei noch Monty Python, bevor ihr Schreibteam die Verwendung des Sketches in der Rede vorschlug. Gewissenhaft wie immer schaute sie sich gemeinsam mit einigen Mitarbeitern eine Aufnahme des Sketches an. Einer der Anwesenden, John Whittingdale, berichtete im Nachhinein von einer fast surrealen Situation, in der eine stoische Premierministerin sich wunderte, warum sich um sie herum alle vor Lachen bogen. Dies war nicht ihr Humor. Dennoch übte sie in den Tagen vor dem Parteitag den Tonfall des Komikers John Cleese exakt ein, um dessen Sätze aus dem Sketch perfekt imitieren zu können.

Die Parteitagsreden boten Thatcher eine große Bühne vor den eigenen Anhängern. Weitaus weniger schätzte sie lange Reden im Parlament und suchte sie nach Möglichkeit zu vermeiden. Als Premierministerin bevorzugte sie die wöchentliche *Question Time*, in der die Regierungschefin sich den Fragen der Parlamentarier stellen musste; sie wurde ab 1978 im Radio, ab 1989 auch im Fernsehen übertragen. Das Wortgefecht aus knapper Rede und Gegenrede kam Thatchers Schlagfertigkeit entgegen und hatte eine dramatisierende Note, die ihrem Stil der Konfrontation unterschiedlicher Positionen entsprach. Zudem konnte sie mit ihrer Sachkompetenz und Detailkenntnis glänzen, wenn sie Fragen zu unterschiedlichsten Themenfeldern beantwortete. Nicht zuletzt stach auch an dieser Stelle die Gender-Karte: Die männlichen Oppositionspolitiker waren bei Attacken auf die Premierministerin in derselben Verlegenheit wie ihre Kabinettskollegen – gingen sie die Politikerin zu hart an, riskierten sie den Vorwurf mangelnden Respekts einer Dame gegenüber, hielten sie sich zurück, erschienen sie ihr nicht gewachsen. Neil Kinnock, Oppositionsführer seit 1983, schaffte es nie, dieses Dilemma zu lösen. Er wurde regelmäßig von der Premierministerin vorgeführt.

Thatcher war es somit gelungen, einen Regierungsstil zu entwickeln, der es ihr erlaubte, als Frau den Geschlechteraspekt zu leugnen, ihn aber gleichzeitig auszuspielen, um ein Image zu schaffen, das sie als feminine, starke Persönlichkeit präsentierte, die von unverrückbaren politischen Überzeugungen angetrieben war. Es war ein Stil, der weniger auf Sympathie als auf Respekt abzielte, da er auf die Willensstärke und Durchsetzungsfähigkeit der Politikerin abhob. Der Begriff der *Iron Lady*, den eine sowjetische Armeezeitung für sie prägte, hätte von ihrer eigenen Werbeabteilung erfunden worden sein können, so kongenial brachte er dieses angestrebte Image zum Ausdruck. Es überrascht nicht, dass sie ihn gerne aufgriff: „Ja, ich bin eine eiserne Lady, [...] ja, wenn sie auf diese Weise meine Verteidigung der Werte und Freiheiten interpretieren wollen, die für unsere Art zu leben grundlegend sind.“ Voller Stolz kokettierte sie mit dem Image der Unbeugsamkeit. So erklärte sie dem Nachrichtenmagazin *Der Spiegel* 1990 in einem Interview: „Auf mich schlagen sie immer ein. Wenn man für etwas steht und seinen Standpunkt beibehält, dann bleibt es nicht aus, daß man Feinde bekommt. Wenn Sie nichts tun, sind Sie viel populärer. Aber dann tun Sie eben auch nichts für Ihr Land. Ich hätte nicht so viel für Großbritannien tun können, wenn ich nicht so fest auf meinem Standpunkt beharrt hätte.“ Nach deutsch-britischen Verstimmungen im Zuge des Einigungsprozesses versuchte sie es im März 1990 gegenüber einer deutschen Regierungsdelegation mit Selbstironie: „Ich denke, es wird für niemanden eine große Überraschung sein, dass ich nicht immer der Welt größte Diplomatin bin – und Gott sei Dank dafür!“

Karikaturisten und Kommentatoren griffen gerne zum Motiv der Handtasche, um Thatchers Führungsstil zu charakterisieren; *handbagging* wurde zum Synonym für die rücksichtslose Durchsetzung politischer Ziele. Und die Handtasche war nicht nur in Großbritannien ihre Begleiterin, sondern auch im Ausland.

VI.

„Cold Warrior“ – Thatcher auf der Bühne der internationalen Politik

Thatchers Regenerationsprogramm war in seinem Kern auf die innere Wiederbelebung Großbritanniens ausgerichtet. Die Außenpolitik geriet erst im Verlauf ihrer Regierungszeit zunehmend in den Fokus der Finanz- und Wirtschaftspolitikerin. Dennoch enthielt bereits ihr leidenschaftlicher Kampf gegen den Niedergang Großbritanniens eine außenpolitische Dimension. In ihren Memoiren berichtet sie, schon in ihrer Jugend hätten die im Radio übertragenen Reden Winston Churchills in der jungen Patriotin die Überzeugung reifen lassen, unter „großartiger Führung“ gebe es so gut wie nichts, was „das britische Volk nicht leisten könne“. Mit dem Kampf gegen den ökonomischen Niedergang verband Thatcher daher gleichzeitig die Erwartung, im Erfolgsfall werde das ehemalige Mutterland des Empire erneut in eine weltpolitische Führungsrolle aufsteigen. Ökonomische Erstarkung und Nationalstolz waren für sie zwei Seiten einer Medaille; in ihrer ersten Parteitagsrede als Oppositionsführerin nannte sie als zentrale Herausforderung der Politik neben der Beseitigung der wirtschaftlichen und finanziellen Probleme ihres Landes die Wiedererlangung britischen Selbstvertrauens.

Im Stichwort der selbstbewussten Nation war deren internationale Bedeutung automatisch mitgedacht. Schon die Kernüberzeugungen der Wirtschaftspolitikerin enthielten einen internationalen Anspruch, drängte doch die Ideologie freier Märkte nach einer grenzüberschreitenden Verwirklichung in Form einer freihändlerisch organisierten Staatenwelt. Zum Image der zielstrebigen Überzeugungspolitikerin trug daher der Umstand bei, dass Thatchers Außenpolitik dieselben Leitlinien zugrunde lagen wie dem innenpolitischen Reformprogramm: In beiden Fällen galt es, marktwirtschaftlichen und freiheitlichen Gedanken zum Durchbruch zu verhelfen, in beiden Fällen führte dies zu einer zum Kampf zwischen Gut und Böse stilisierten Politik. Der Feind stand jeweils links – im Inneren Gewerkschaften, Labour Party und „Sozialismus", im Äußeren der internationale Kommunismus. Die Positionierung der Premierministerin auf der Seite der „Kalten Krieger" war die logische Konsequenz ihrer politischen Grundüberzeugungen.

Wie im Inneren speiste sich auch in der Außenpolitik Thatchers antisozialistische Haltung nicht nur aus wirtschaftspolitischen Überlegungen, sondern aus moralischer Empörung gegenüber kommunistischen Systemen der Unfreiheit. Nicht nur Großmachtinteressen standen für sie hinter der Blockkonfrontation des Kalten Krieges, sondern unvereinbare Prinzipien: Freiheit gegen Zwang, Recht gegen Unrecht, Demokratie gegen Diktatur. Standardmäßig attackierte Thatcher in Reden und Interviews die kommunistischen Staaten, die ihre Bevölkerung in Knechtschaft hielten – warum wohl flohen Menschen aus Osteuropa in den Westen, nicht umgekehrt? In einer Rede vom Januar 1976 schalt die Oppositionsführerin die Labour-Regierung für deren laxe Verteidigungsanstrengungen gegenüber „den Russen", die auf „Weltherrschaft" aus seien; „Leben oder Tod unserer Art von Gesellschaft" stünden auf dem Spiel. Es war diese sorgfältig vorbereitete Rede, die ihr den Beinamen der *Iron Lady* eintrug, der seinen Weg von einer russischen Armeezeitung über Radio Moskau in die ganze Welt nahm.

Reisen in kommunistische Staaten bestärkten Thatchers Vorbehalte. Während des ersten Besuchs der Oppositionsführerin in China im April 1977 drang ihre Einschätzung bis zum deutschen Botschafter in Beijing durch; dieser wusste nach Hause zu berichten, Thatcher habe sich jenseits der diplomatischen Höflichkeitsfloskeln „intern sehr negativ" geäußert. Der Besuch habe „alle ihre Vorurteile über kommunistische Staaten bestätigt. Sie habe das Land als schmutzig, untüchtig und diktatorisch regiert bezeichnet." Auch im Kalten Krieg rechne Thatcher China zum feindlichen Lager, glaube sie doch, „dass China sich eines Tages mit der Sowjetunion aussöhnen werde, denn Kommunisten würden immer wieder zu Kommunisten finden". Offenkundig unterschätzte die frischgebackene Außenpolitikerin die ideologischen Bruchlinien und Interessengegensätze zwischen China und der UdSSR, um so stärker trat ihre Sorge vor einer kommunistischen Allianz gegen den Westen hervor.

Als kämpferische Verteidigerin freiheitlicher Werte gegenüber der stets drohenden Gefahr aus dem sowjetischen Imperium hielt Thatcher zur Sicherung Westeuropas die nukleare Abschreckung für unverzichtbar. Nachdem 1979 der NATO-Doppelbeschluss gefasst worden war, mahnte die Premierministerin, über der dort bekundeten Bereitschaft zu Rüstungskontrollgesprächen nicht die im Beschluss ebenfalls verankerte Modernisierung westlicher Mittelstreckenraketen zu vernachlässigen: „Man dürfe nie aus einer Position der Schwäche mit den Sowjets verhandeln", belehrte sie ihre Amtskollegen bei einem Treffen des Europäischen Rates im Juni 1981. Vor der Vollversammlung der Vereinten Nationen präsentierte die britische Regierungschefin im Juni 1982 ihre Politik der machtgeschützten Friedens- und Wohlstandswahrung als „die Botschaft eines Landes, das dazu entschlossen ist, die Werte, gemäß derer wir leben, zu bewahren und zu verbreiten".

Die NATO-Politik der nuklearen Abschreckung sicherte der Atommacht Großbritannien einen gewissen internationalen Einfluss, sie setzte aber vor allem ein Engagement der USA in der Verteidigung Westeuropas voraus. Ein glücklicher Zufall verhalf Thatcher ab 1980 zu einer weltpolitischen Schlüsselrolle, die eigentlich durch die ökonomische und militärische Bedeutung ihres Landes kaum noch gestützt war: die Wahl des republikanischen Politikers Ronald Reagan zum US-Präsidenten. Schon bei einem ersten ausführlichen Treffen hatten der amerikanische Präsidentschaftsaspirant und die britische Oppositionsführerin im April 1975 eine Seelenverwandtschaft entdeckt, die sich zu einer der stärksten politischen Freundschaften der achtziger Jahre auswachsen sollte. Beide teilten einen Sockel ideologischer Überzeugungen – beide standen für die Eindämmung des Staates, Steuersenkungen und einen unbeugsamen Antikommunismus. Ihr gemeinsames Erscheinen auf der politischen Bühne verschaffte dem Jahrzehnt die Signatur einer neoliberalen Revolution, die nicht nur ein intellektuelles Experiment blieb, sondern politische Praxis wurde.

Die charakterlichen Unterschiede zwischen den beiden Protagonisten scheinen das enge Verhältnis dabei eher gestärkt als belastet zu haben. Die hyperaktive, detailversessene Premierministerin, die bei Reagans Amtsantritt schon auf anderthalb Jahre Regierungszeit zurückblicken konnte, nahm sich des häufig eher als faul und wenig aufnahmefähig geschmähten Präsidenten an, suchte ihn vorsichtig zu belehren und ihm bei internationalen Zusammenkünften argumentativ den Rücken freizuhalten. Reagan schätzte ihre Entschlossenheit und Geradlinigkeit, vor allem aber vertraute er ihrem Urteil. Der US-Außenminister George Shultz berichtete nach Ende seiner Amtszeit, er habe sich wiederholt auf Thatchers Meinungen zu politischen Fragen berufen, um einem zögernden Präsidenten entsprechende eigene Positionen schmackhaft zu machen. Thatcher zeigte bei alledem ein feines Gespür für die Machtbalance und vermied es, sich öffentlich gegenüber Reagan in den Vordergrund zu spielen.

Reagan faszinierte Thatcher aber nicht nur als Politiker, sondern sie genoss offenkundig das Zusammensein mit dem charmanten und attraktiven Mann. Er wiederum bewunderte ihre Energie und war selbstsicher genug, auch ihre ausufernden Belehrungen mit Humor zu ertragen. Als sie ihm einmal von London aus über das Telefon zusetzte, nahm er den Hörer vom Ohr, hielt ihn in den Raum, so dass alle Anwesenden die Premierministerin hören konnten, und strahlte: „Ist sie nicht großartig?"

Das Vertrauensverhältnis zwischen Thatcher und Reagan erlaubte es, die Idee einer *special relationship* zwischen zwei Nationen wiederzubeleben, die durch gemeinsame Sprache, Kultur und Werte verbunden seien. Dadurch sah sich vor allem Großbritannien international aufgewertet, während die USA in der Spätphase des Kalten Krieges auf einen verlässlichen europäischen Partner zählen konnten. Thatcher schätzte die wechselseitigen Vertrauensbekundungen zwischen beiden Staaten und nutzte sie, um in der Heimat den Mythos von der ungebrochenen weltpolitischen Rolle ihres Landes zu pflegen. Obwohl sie durchaus die Überlegenheit der USA in ökonomischer, militärischer und politischer Hinsicht erkannte, war sie daher zutiefst empört, als Reagans Nachfolger George H. W. Bush 1989 von der Schaffung einer „neuen Weltordnung" sprach und die Bundesrepublik Deutschland als *partner in leadership* umwarb. Thatcher war überzeugt, dass die deutsche Politik einer solchen Führungsrolle nicht gewachsen sei. Nachdem sich die Bundesrepublik 1991 militärisch aus dem Irak-Krieg zur Befreiung des besetzten Kuwait herausgehalten hatte, reagierte die Ex-Premierministerin in ihren Memoiren mit Genugtuung: „Plötzlich schien ein Großbritannien mit erfahrenen Streitkräften und einer Regierung, die die Entschlossenheit besaß, an der Seite Amerikas zu kämpfen, der wirkliche europäische ‚partner in leadership' zu sein."

Auch im Verhältnis zwischen Präsident Reagan und der Premierministerin war es allerdings gelegentlich zu Differenzen gekommen. So sperrte sich Thatcher während des Falkland-Kriegs zunächst nicht grundsätzlich gegen Vermittlungsversuche der USA. Als Reagan sie aber nach den ersten militärischen Erfolgen am 31. Mai 1982 telefonisch davon zu überzeugen suchte, es sei nun an der Zeit, aus einer Position der Stärke heraus mit den Argentiniern zu verhandeln, kam er in den Genuss eines weiteren „großartigen" Auftritts der Premierministerin: Sie habe keine Soldatenleben geopfert, nur um Verhandlungen aufzunehmen, klang ihm mehrmals im Gespräch entgegen; ob er wohl bereit wäre, Alaska im Falle einer ähnlichen Bedrohung im Stich zu lassen? Reagans zaghafter Hinweis, das sei vielleicht nicht ganz dieselbe Situation, war von der Premierministerin rasch beiseite gewischt. Immer mehr reduzierte sich der Redeanteil des Präsidenten auf gestammelte Zwischenrufe, bis er sich zu guter Letzt sogar noch für seine Aufdringlichkeit entschuldigte.

Noch ungehaltener war Thatcher 1983, als die amerikanischen Freunde sie nicht im Vorfeld der geplanten Invasion auf der Karibik-Insel Grenada konsultierten. Offenbar hatte die US-Administration bei ihrer Niederschlagung eines kommunistischen Umsturzversuchs das Einverständnis der Kalten Kriegerin in London unausgesprochen vorausgesetzt und aus Geheimhaltungsgründen von einer Vorabinformation abgesehen. Thatcher reagierte jedoch äußert verstimmt auf den Bruch der Souveränität des Inselstaats, der Mitglied im Commonwealth und dessen Staatsoberhaupt die Queen war. Vor allem schmerzte sie die öffentliche Demütigung – zu deutlich zeigte das Lavieren ihrer Regierung, dass sie von der Invasion überrascht worden war. Thatcher musste sich von der Opposition im Unterhaus hämisch vorhalten lassen, Großbritannien sei nicht mehr als ein Juniorpartner in der von ihr stets gepriesenen *special relationship* mit den USA. Erneut kam es zu hitzigen Telefonaten mit dem US-Präsidenten, in denen Thatcher mit ihrer Empörung nicht hinter dem Berg hielt. In der Öffentlichkeit bemühte sie sich aber nach Kräften darum, die amerikanische Militäraktion zu rechtfertigen, um das grundsätzlich gute Verhältnis zu Reagan nicht zu gefährden.

Wie diese Beispiele bereits andeuten, verlangte die Außenpolitik der Eisernen Lady neben allen Prinzipienbekundungen ein hohes Maß an taktischem Geschick und Flexibilität ab. Immer wieder gerieten programmatische Rhetorik und weltpolitische Realitäten in Widerspruch zueinander; zu viele Interessenlagen wollten ausbalanciert werden, als dass ein Agieren ohne innere Brüche möglich gewesen wäre. So verführte die Suche nach Partnern in der großen Allianz gegen den Kommunismus Thatcher zur Freundschaft mit autoritären Staatsführern, wenn diese nur im Kalten Krieg auf der richtigen Seite standen. Besonders notorisch war ihre Unterstützung für General Augusto Pinochet, der Chile zwischen 1973 und 1990 mit diktatorischen Mitteln regierte. Thatcher bewunderte die marktwirtschaftlichen Reformen, die der General seinem Land verordnet hatte; die tausendfachen Menschenrechtsverletzungen in Pinochets unterdrückerischem Polizeistaat spielte die selbsternannte Vorkämpferin der Freiheit herunter. Zeitlebens blieb sie ihm dankbar für den logistischen Beistand, den sein Land den Briten im Falkland-Krieg geleistet hatte; noch im politischen Ruhestand unterstützte Thatcher Pinochet, als dieser bei einem Großbritannien-Besuch 1998 aufgrund eines spanischen Auslieferungsgesuchs unter Hausarrest gestellt wurde. In einer Rede auf dem Parteitag der Konservativen würdigte Thatcher ihn 1999 als treuen Verbündeten im Kampf gegen den Kommunismus, dem „die Linke“ niemals verziehen hätte, dass er Chile und Südamerika „gerettet" habe. Als dem Ex-Diktator im Jahr 2000 aus gesundheitlichen Gründen die Heimreise nach Chile gestattet wurde, sandte die Ex-Premierministerin ihm zum Abschied einen silbernen Teller mit einer Darstellung des britischen Siegs über die Armada im Jahr 1588 – eine mehr als deutliche Anspielung auf das Scheitern des spanischen Auslieferungsantrags, das sie damit zu einem weiteren historischen Sieg überhöhte.

Im Fall Südafrikas riskierte die Premierministerin den offenen Konflikt mit den anderen Commonwealth-Staaten, als sie jahrelang Sanktionen gegen das Apartheid-Regime verweigerte. Dies trug ihr den Vorwurf des Rassismus ein, da sie eine weiße Minderheit gegen die schwarze Bevölkerungsmehrheit stütze. Sie hielt dagegen, nicht die ökonomische Isolation, sondern nur der ständige Austausch mit der übrigen Welt könne das Ende der Apartheid herbeiführen. Diese Argumentation entbehrte nicht der Plausibilität, und der Vorwurf des Rassismus gegen die Premierministerin war sicherlich unbegründet. Dennoch hatte ihre Haltung einen schalen Beigeschmack: Ihre Verurteilung des African National Congress (ANC) als einer terroristischen Organisation und ihre Aufrufe zum Gewaltverzicht erschienen als Unterstützung des südafrikanischen Regimes, solange dieses nicht Partizipationsrechte für die Bevölkerungsmehrheit garantierte. Und wieder spielte für ihre Haltung auch der Antikommunismus eine Rolle: Die Nationalisierungsforderungen des ANC waren der Premierministerin doppelt suspekt, aus Prinzip und aus wirtschaftspolitischen Gründen, war Südafrika doch der viertgrößte Handelspartner und Großbritannien der größte ausländische Investor am Kap. Noch nach einem Treffen mit Nelson Mandela nach dessen Freilassung blieb Thatcher besorgt, es könne sich bei ihm um einen unausgegorenen Marxisten handeln.

Die Premierministerin, die so vehement gegen die Unterdrückungsapparate der kommunistischen Staaten zu Felde zog, drückte also so manches Auge zu, wenn es um die Menschenrechtssituation in Staaten ging, deren Regime sie als Verbündete im Kampf gegen den Kommunismus sah. Überhaupt zeigte die Premierministerin ideologische Flexibilität, wenn es um die Unterstützung befreundeter Regierungen ging. So zählten neben Chile der Irak, Jordanien und Indonesien zu den Ländern, denen Thatchers Regierung großzügig Rüstungsunterstützung durch Waffenverkäufe gewährte – häufig finanziert über staatlich garantierte Kredite, die bei weitem nicht alle zurückgezahlt wurden. Faktisch unterstützte die Thatcher-Regierung auf diese Weise nicht nur außenpolitische Verbündete, sondern auch die britische Rüstungsindustrie aus Steuermitteln. Dieses Vorgehen bildete einen krassen Verstoß gegen das in anderen Fällen proklamierte Prinzip, die Industrie nicht mit dem Geld der Bürger zu subventionieren.

Das Handeln der Überzeugungspolitikerin war also gesegnet mit einem kräftigen Schuss Realpolitik, wenn unterschiedliche Prinzipien ihrer Politik in Konflikt miteinander gerieten. Ökonomische Prinzipien konnten geostrategischen Erwägungen weichen, Freiheitsparolen dem Kampf gegen den Kommunismus. Allerdings zeigte sich selbst hinter der öffentlichen Fassade der unnachgiebigen Antikommunistin gelegentlich eine differenziertere Vorgehensweise. So drängte Thatcher den südafrikanischen Präsidenten Botha abseits des Scheinwerferlichts mehrfach, im Gegenzug für ihre Sanktionsverweigerung den inhaftierten Nelson Mandela freizulassen, den Bann gegen den ANC aufzuheben und Verhandlungen aufzunehmen. Dies entsprach weitgehend den Forderungen der Apartheid-Gegner, die sie mit ihrer Sanktionspolitik gegen sich aufbrachte. In Süd-Rhodesien nahm sie kurz nach ihrem Regierungsantritt die Etablierung des damals noch eher sozialistisch als brutal-diktatorisch auftretenden Mugabe-Regimes in Kauf, um den Übergang der Kolonie in die Unabhängigkeit und die Gründung des Staates Simbabwe zu ermöglichen. In diesem Fall überließ die frisch ins Amt gekommene Premierministerin die Gestaltung des Unabhängigkeitsprozesses noch weitgehend dem Außenminister und ihren Diplomaten – dennoch ist die Gelassenheit, mit der die Patriotin Thatcher die Weiterführung des Entkolonialisierungsprozesses hinnahm, ein bemerkenswerter Beleg für den Pragmatismus, dessen sie fähig war: Obwohl sie in ihren Reden gelegentlich die imperiale

Vergangenheit Großbritanniens beschwor, spielte diese bestenfalls als psychologische Komponente bei der Propagierung des nationalen Regenerationsprogramms eine Rolle, nicht als Leitkategorie ihres internationalen Agierens. Entsprechend wenig Interesse zeigte Thatcher am Commonwealth, in dem viele der ehemaligen Kolonien weiterhin mit Großbritannien in einem losen Bund zusammengeschlossen waren.

Ein Konfliktfeld besonderer Art war Nordirland: Als Teil des Vereinigten Königreichs fiel die Provinz eigentlich unter die Rubrik „Innenpolitik". Die katholische Bevölkerungsmehrheit blickte aber gegenüber der protestantischen Herrschaftselite hilfesuchend auf die Republik Irland, die keine direkte Mitsprachemöglichkeit im Norden hatte. Thatchers Sympathien lagen eigentlich bei den vornehmlich protestantischen Unionisten, die für eine enge Anbindung an Großbritannien eintraten. Zur Befriedung der Situation ließ sie sich jedoch – innerlich zweifelnd, äußerlich entschieden – 1985 auf das Anglo-Irische-Abkommen ein, das die Republik Irland erstmals in die Lösung der Nordirland-Problematik einband und diese damit faktisch internationalisierte. Damit stieß sie einen Teil ihrer politischen Anhänger vor den Kopf, darunter ihren früheren Weggefährten Enoch Powell, der ihre Politik im Unterhaus als Verrat brandmarkte.

Alle Bemühungen um eine Lösung des nordirischen Dilemmas litten aber nicht nur unter den religiösen und politischen Konfliktlinien in der Provinz, sondern vor allem unter den Terroraktionen paramilitärischer Gruppen. Thatcher spürte diesen Terror hautnah. Zwei ihrer engsten Vertrauten – Airey Neave und Ian Gow – fielen Bomben der Irish Republican Army (IRA) zum Opfer, im einen Fall kurz vor Beginn, im anderen kurz vor Ende ihrer Amtszeit. Sie selbst entging dem Tod nur knapp, als während des konservativen Parteitags in Brighton 1984 ein IRA-Anschlag Teile des Hotels verwüstete, in dem Thatcher und viele Parteimitglieder sich aufhielten. Auch gegenüber der IRA beharrte sie auf ihrer grundsätzlichen Linie, jegliche Verhandlungen mit Terroristen abzulehnen. Als IRA-Mitglieder in nordirischen Gefängnissen 1980 und 1981 Hungerstreiks durchführten, nahm die Premierministerin den Tod mehrerer Häftlinge in Kauf, deren Forderung, als politische Gefangene anerkannt zu werden, sie zurückwies. Auch wenn der Streik nach einiger Zeit zusammenbrach, hatte die Premierministerin durch ihre unnachgiebige Linie ein Public-Relations-Desaster riskiert, schien sie doch ohne Gnade den Tod von Menschen hinzunehmen. Doch auch in diesem Fall war ihre Politik sowohl flexibler als auch widersprüchlicher als das Image, das der Öffentlichkeit vermittelt wurde, vermuten ließ. Thatcher hatte hinter den Kulissen sehr wohl Verhandlungen mit der IRA zugelassen und Konzessionen an die Streikenden gemacht. Auch wenn die Regierung dies bestritt, so hatte die IRA doch die Erfahrung gewonnen, dass Verhandlungen mit der britischen Premierministerin möglich waren – genau der Eindruck, den sie eigentlich hatte vermeiden wollen.

Die Rhodesien-Frage und die nordirischen Hungerstreiks fielen in die Anfänge der Regierungszeit Thatchers. Sie agierte daher noch nicht mit der gleichen Selbstsicherheit, die sich nach einiger Zeit im Amt einstellte. Dennoch ist von Beginn an ihr Bestreben augenfällig, sich als Politikerin zu präsentieren, die auch in außenpolitischen Fragen „not for turning" war. Sie brachte es fertig, auf Pressekonferenzen nach internationalen Treffen Partner zu düpieren, mit denen sie zuvor im Verhandlungssaal eine einvernehmliche Lösung bei den behandelten Fragen gefunden hatte, indem sie behauptete, sie habe als einzige Teilnehmerin keinerlei Zugeständnisse gemacht. Diese Selbstinszenierung ging über das gewöhnliche Maß an Politikereitelkeit hinaus; sie war zugleich die Inszenierung eines spezifischen Verständnisses von Politik. Deren Kern lag nach dieser Interpretation nicht im Finden von Kompromissen, sondern in der Behauptung einmal als richtig erkannter Positionen. Trotz teilweise eklatanter Widersprüche zwischen Anspruch und Handeln gelang es Thatcher weitgehend erfolgreich, sich als prinzipientreu und durchsetzungsfähig zu präsentieren, verbanden sich doch das Image der „Eisernen Lady", ihr stets nachdrückliches Auftreten und die Rigorosität ihrer Kernüberzeugungen zu einem insgesamt glaubwürdigen, stimmigen Gesamteindruck.

Die Mischung aus Prinzip und Pragmatismus bestimmte letztlich sogar Thatchers Politik gegenüber der Sowjetunion. Spätestens seit ihrer antikommunistischen Grundsatzrede vom Januar 1976 galt Thatcher Freund und Feind als Inbegriff der Kalten Kriegerin. Dennoch suchte sie weniger die direkte Konfrontation mit der Sowjetunion als die Abwehr der ihrer Meinung nach zersetzenden Einflüsse des Kommunismus in der westlichen Welt. Der Ostblock – so ihre Annahme – würde früher oder später ohnehin wegen der Mangelwirtschaft und der Unzufriedenheit der Bevölkerung moralisch und ökonomisch zusammenbrechen. Dieses Ziel galt es nicht aus dem Auge zu verlieren, aber auch nicht übermäßig zu forcieren: Mit Sorge betrachtete Thatcher die möglichen Auswirkungen eines ungesteuerten Kollaps für die Stabilität und Sicherheit in Europa und der Welt. Sie bevorzugte daher eine allmähliche Überwindung kommunistischer Strukturen durch nachhaltige, marktwirtschaftliche Reformen in der UdSSR und den Staaten Osteuropas. Dieser defensive Antikommunismus unterschied sich vom deutlich offensiveren Ansatz Ronald Reagans, der viel unmittelbarer einen Sieg über das „Reich des Bösen“ anstrebte. Er suchte die sowjetische Führung durch einen bislang ungekannten Rüstungswettlauf in die Enge zu treiben, zunächst durch den Aufbau des Arsenals an Nuklearraketen, ab 1983 dann durch die Strategic Defence Initiative (SDI). Dieser visionäre Raketenabwehrschirm im Weltall sollte Atomwaffen obsolet werden lassen und die Sowjetunion zu Abrüstungsverhandlungen zwingen. Thatcher jedoch war skeptisch gegenüber den Plänen ihres Freundes. Sie blieb bei ihrer Auffassung, dass das wechselseitige nukleare Abschreckungspotential der einzige sichere Garant für den Erhalt des Friedens sein könne. SDI würde, so ihre Sorge, den amerikanischen Verbündeten zur Verschrottung seiner Atomwaffen verführen und damit den Frieden eher gefährden als erhalten. In der Tat spielte Reagan während seiner zweiten Amtszeit bei den Abrüstungsverhandlungen mit der UdSSR mit Nulllösungsoptionen. Thatcher befürchtete, eine hundertprozentige Raketenabwehrgarantie könne es auch mit SDI nie geben. Zudem ließ der britische Staatshaushalt die horrenden Aus-

Margaret Thatcher 1975 bei ihrem ersten Besuch in der Bundesrepublik Deutschland mit dem CDU-Vorsitzenden Helmut Kohl und dem Versuch eines Victory-Zeichens © picture-alliance/Associated Press/Kach

Margaret Thatcher im März 1979

gaben für eine Neuausrichtung der Verteidigungsstrategie nicht zu. Thatcher tat daher alles, was im Rahmen der Loyalität gegenüber den USA möglich war, um den Fortbestand der nuklearen Abschreckungsfront zu gewährleisten und Reagan von überstürzten Abrüstungsschritten abzuhalten.

Durch das Beharren auf den Atomstreitkräften setzte sie sich dem Vorwurf aus, die Welt in ständiger Kriegsgefahr zu halten, statt ein friedliches Auskommen mit der Sowjetunion zu suchen. Nichts war weiter von der Wahrheit entfernt. Gerade weil Thatcher nicht auf einen raschen Zusammenbruch des Ostblocks spekulierte, war sie um eine pragmatische Kooperation mit den sowjetischen Führern bemüht. Ihre Reputation als Kalte Kriegerin erleichterte ihr dies zunächst nicht. Doch Mitte der achtziger Jahre meinte es der Zufall erneut bei einer Personalentscheidung gut mit ihr, diesmal in der Sowjetunion: Im März 1985 wurde Michail Gorbatschow zum Generalsekretär des Zentralkomitees der Kommunistischen Partei der Sowjetunion ernannt. Bereits Ende 1984 hatte Thatcher das damals jüngste Mitglied im Politbüro der KPdSU auf ihren Landsitz Chequers eingeladen und war sofort begeistert gewesen: Sie hatte den Eindruck, es bei Gorbatschow erstmals nicht mit dem üblichen sowjetischen Apparatschik, sondern einem aufgeschlossenen, diskussionsbereiten Politiker zu tun zu haben, einem Mann „to do business with", wie sie selbst es ausdrückte. Anders als seine Vorgänger wich Gorbatschow Grundsatzdiskussionen über die Differenzen zwischen den ideologischen Systemen nicht aus, sondern ließ sich auf den von Thatcher so geschätzten argumentativen Schlagabtausch ein. Als die Premierministerin im März 1987 Moskau besuchte, lieferten sich beide ein stundenlanges Wortgefecht (die Angaben zur Dauer schwanken zwischen fünf und dreizehn Stunden!), bei dem Thatcher ausgerechnet den Generalsekretär der KPdSU mit missionarischem Eifer davon zu überzeugen suchte, dass der Kommunismus eine Fehlentwicklung sei, da er der menschlichen Natur widerspreche. Thatcher genoss das ideologische Duell und fühlte dieselbe Wertschätzung auf Seiten Gorbatschows; unter den verschiedenen Berichten über das Treffen gibt es aber durchaus solche, die bei Gorbatschow statt Begeisterung eher Ermüdungserscheinungen oder Amüsement über die Vehemenz seiner Gesprächspartnerin festzustellen glaubten.

Nach ihren Treffen mit Gorbatschow berichtete Thatcher aufmunternd nach Washington, hier sei jemand, mit dem der Westen sich arrangieren könne. Auf diese Weise trug sie sicherlich dazu bei, in US-Regierungskreisen die Vorbehalte gegenüber dem neuen Herrscher im Kreml zu verringern. Doch weder verkannte sie bei aller Begeisterung Gorbatschows Selbstverständnis als eines Reformers innerhalb des kommunistischen Lehrgebäudes, noch gab sie selbst ideologischen Boden preis. Sie hegte aber die Hoffnung, die Sowjetunion werde sich unter Gorbatschow Reformen in Ökonomie und Menschenrechtsfragen so weit öffnen, dass auf mittlere Sicht der Systemkonflikt zwischen Ost und West entschärft werden könnte. Den Bestand der UdSSR sah sie auf absehbare Zeit nicht in Frage gestellt.

Das gute persönliche Verhältnis zu den beiden mächtigsten Männern der Welt mochte Thatcher glauben machen, Großbritannien übe eine wichtige Brückenfunktion zwischen den Supermächten aus. Ihr Besuch in Moskau 1987 war ein persönlicher und symbolpolitischer Triumph: Sie wurde von der Bevölkerung gefeiert, und erstmals war es einem westlichen Politiker erlaubt, ein unzensiertes Interview im sowjetischen Fernsehen zu geben. Es zeigte eine Premierministerin in Hochform: Drei bedauernswerte sowjetische Generäle suchten Thatchers Befürwortung der nuklearen Abschreckung als Gefahr für den Frieden zu brandmarken; sie mussten daraufhin eine Aufrechnung der eigenen Kriegsmaschinerie und ihres Gefährdungspotentials über sich ergehen lassen – in einer Live-Übertragung an das sowjetische Publikum!

Trotz des Erfolgs entpuppte sich Thatchers Moskau-Reise aber in der Rückschau als Höhepunkt ihres Einflusses. Die immer eklatantere ökonomische Schwäche der Sowjetunion und ihr Unvermögen, die osteuropäischen Satellitenstaaten zu kontrollieren, führten zur rasanten Veränderung der internationalen Konstellation. Thatcher konnte das weltpolitische Tauwetter, das das Ende des Kalten Krieges einläutete, als Triumph ihrer lebenslang vertretenen Prinzipien und Ziele feiern. Doch auf die Dynamik des Wandels war sie nur unzureichend vorbereitet. Es sollte nur wenige Jahre dauern, bis sie sich am Rande statt im Zentrum der internationalen Entwicklungen wiederfand. Als die alten Feindschaften sich auflösten, galt es, neue Wege in die Zukunft zu formulieren. An dieser Aufgabe scheiterte Thatcher. Es dürfte kaum überzeugendere Lehrstücke für das Abgleiten in eine selbstverschuldete politische Isolation geben als Thatchers Politik gegenüber Europa und gegenüber der deutschen Einheit.

VII.

Thatcher und Europa

Thatchers Regierungszeit begann für die verdutzten Europäer mit einem unerwarteten Paukenschlag. Die konservative Premierministerin wurde mit der vagen Hoffnung empfangen, sie werde dem europäischen Projekt aufgeschlossener gegenüber stehen als ihre Labour-Vorgänger. Während des britischen Referendums über den Verbleib in der EG hatte die frischgebackene Parteiführerin 1975 für das Ja-Wort gestritten. Damit folgte sie der Linie ihrer konservativen Vorgänger Harold Macmillan und Edward Heath, die sich um die Aufnahme Großbritanniens in die Europäische Gemeinschaft bemüht und dabei bereits die Unterstützung der jungen Abgeordneten für Finchley gefunden hatten. Doch schon ihre ersten Auftritte auf der europäischen Bühne nach ihrer Wahl zur Regierungschefin nutzte Thatcher, um hartnäckig eine Reduzierung des britischen Nettobeitrags zum europäischen Haushalt einzufordern. Diese Idee war nicht vom Himmel gefallen – bereits ihr Labour-Vorgänger James Callaghan hatte auf die Kluft zwischen britischen Zahlungen an die Europäische Gemeinschaft und die von dort empfangenen Leistungen hingewiesen. Thatcher aber investierte ihren unverwechselbaren persönlichen Stil unnachgiebiger Rechthaberei in einem solchen Maße in das Thema, dass sie die Tagesordnung der europäischen Gipfeltreffen damit für mehrere Jahre prägte. Sie argumentierte dabei stets von einem als spezifisch britisch präsentierten Fair-play-Gedanken her: Großbritannien wolle keinen Penny mehr aus der Gemeinschaft herausholen, als es einbringe, das Land könne es sich aber nicht länger leisten, „der größte Wohltäter der Gemeinschaft“ zu bleiben.

Das zunächst durchaus vorhandene Verständnis der Partner erschöpfte sie durch die Vehemenz ihres Vorgehens aber rasch. Schon bei den deutsch-britischen Regierungsgesprächen im Herbst 1979 warnte ein sichtlich genervter Bundeskanzler die Premierministerin vor zu großer britischer Unnachgiebigkeit, wenn sie nicht wolle, „daß man sie abblitzen läßt“. Ohne Erfolg – „keinerlei Bereitschaft zu Kompromissen“ oder „Intransigenz“ blieben in der Folgezeit typische Begriffe, mit denen die Haltung der britischen Premierministerin in den deutschen diplomatischen Akten charakterisiert wurde.

Auf ihrem ersten Treffen des Europäischen Rats in Dublin am 29./30. November 1979 bildete der britische Nettobeitrag das beherrschende Thema. Eine Einigung gelang nicht, die Debatte zog sich über mehrere Jahre hin. Warnungen des Bundeskanzlers Schmidt vor der „Gefahr eines Rückfalls in nationale Egoismen“ beeindruckten eine kampfeslustige, von der Berechtigung ihrer Forderung überzeugte Premierministerin nicht im Geringsten. Eine dauerhafte Lösung wurde erst 1984 in Fontainebleau gefunden, nachdem viele ihrer europäischen Freunde sich an dem Thema verschlissen hatten.

So anstrengend das Auftreten der Premierministerin in dieser Zeit für ihre europäischen Kollegen war – sie selbst bekundete weiterhin eine europafreundliche Einstellung. Ihre zunehmende Wendung zur Skeptikerin in den folgenden Jahren hatte verschiedene Ursachen. Neben der langatmigen Entscheidungsfindung in europäischen Gremien, die die ungeduldige Macherin nur schwer ertragen konnte, traten im Verlauf der achtziger Jahre unterschiedliche Zielvorstellungen zwischen Großbritannien und den übrigen Mitgliedern der Europäischen Gemeinschaft immer stärker hervor. Bereits im Mai 1980 beobachtete der britische Außenminister Carrington mit klarem Blick für kommende Entwicklungen, man befinde sich „quasi auf zwei parallelen, sich nicht treffenden Linien“.

Nach einer Phase relativer Stagnation, in der die Europäische Gemeinschaft sich in Detailfragen aufzureiben schien, brachte die Ernennung des ehemaligen französischen Finanzministers Jacques Delors zum Präsidenten der EG-Kommission 1985 eine neue Dynamik in die Gemeinschaftsangelegenheiten. Auch wenn er sich nicht direkt mit seinen Plänen zur wirtschafts- und währungspolitischen Integration der EG durchsetzen konnte, verfolgte er seine Ziele doch mit ähnlicher Hartnäckigkeit wie die britische Premierministerin die ihren. Leider wies die Europa-Vision der beiden Politiker in unterschiedliche Richtungen. Thatcher hatte sich bereits der Vorstufe einer Wirtschafts- und Währungsunion, dem Europäischen Währungssystem (EWS), weitgehend entzogen, da sie befürchtete, die Kontrolle über die britische Geldpolitik und damit die Inflationsbekämpfung zu verlieren. Einen Beitritt zum mit dem EWS verbundenen Europäischen Wechselkursmechanismus (EWM), der die Fluktuation der europäischen Währungen innerhalb bestimmter Bandbreiten halten sollte, zog sie erst in Erwägung, als mit Finanzminister Lawson und Außenminister Howe zwei Schwergewichte ihres Kabinetts mit Rücktritt drohten. Den tatsächlichen Beitritt Großbritanniens zum EWM konnte ihr erst 1990 ihr letzter Finanzminister, John Major, abringen – der dann als Premierminister schon 1992 nach Spekulantenattacken auf das zu hoch bewertete britische Pfund den schmählichen Rückzug des Landes aus dem Mechanismus verkraften musste.

Überzeugt war Thatcher hingegen von der Schaffung eines europäischen Binnenmarktes. Für die Verabschiedung der Einheitlichen Europäischen Akte, die die Einrichtung dieses großen Freihandelsraums bis 1992 in die Wege leitete, nahm sie daher 1986 sogar Veränderungen in den Abstimmungsmodalitäten in der EG in Kauf, die die Vetorechte der Einzelstaaten verringerten. Thatcher erkannte zu spät, dass sie mit der Zustimmung zum Binnenmarkt selbst dazu beigetragen hatte, den Weg für eine Wirtschafts- und Währungsunion und weitere Integrationsschritte zu ebnen.

Schon in der von ihr unterstützten Referendums-Kampagne für den Verbleib Großbritanniens in der Europäischen Wirtschaftsgemeinschaft war Thatcher 1975 gegenüber weitgehenden Europavisionen, wie der Zielvorstellung von Vereinigten Staaten von Europa, skeptisch geblieben. Sie hatte sich aber überzeugt gezeigt, dass Großbritannien ökonomisch von der Mitgliedschaft profitieren und eine engere Kooperation der westeuropäischen Staaten ein Bollwerk gegen den Kommunismus sein könne. Den Verlust an britischen Souveränitätsrechten schätzte sie dagegen als gering ein.

Diese Haltung bespöttelte sie selbst in ihren späten Jahren, in denen sie unermüdlich vor einer überbordenden europäischen Bürokratie warnte, als „a little naïve". Zum Manifest des Richtungswandels wurde 1988 Thatchers Rede vor dem Europa-Kolleg in Brügge. Nach über einem Vierteljahrhundert, in dem sich manche Hoffnung auf einen engeren europäischen Zusammenhalt zerschlagen hat, wirkt diese Rede auf den ersten Blick weniger spektakulär als im September 1988, als die britische Premierministerin ausgerechnet an einer Hochschule, die zukünftige europäische Führungseliten ausbilden sollte, ihre Position zur britischen Rolle in der Europäischen Gemeinschaft vorstellte. Doch bei genauem Hinsehen erscheint die Rede auch heute noch außergewöhnlich deutlich in ihrer Abgrenzung der britischen Haltung gegenüber weiteren Integrationsbestrebungen. Thatcher war die Brisanz ihres Vorstoßes wohlbewusst – scherzhaft gratulierte sie zu Beginn der Rede dem Kolleg für den Mut, sie eingeladen zu haben; dies gleiche einer Einladung an Dschinghis Khan zu einem Vortrag über friedliche Koexistenz. Manchem Zuhörer klang der anschließende Tenor ihrer Rede in der Tat nicht viel anders. Thatcher berief sich auf eine schlichte Beobachtung, die durch eine häufig anzutreffende, dennoch kurzsichtige Gleichsetzung von „Europa" mit „Europäischer Gemeinschaft" unterzugehen drohte: „Europa ist nicht die Schöpfung der römischen Verträge." Dies ließ sich zunächst historisch verstehen: Die Premierministerin betonte die jahrhundertelang gewachsenen Verbindungen zwischen Großbritannien und dem europäischen Kontinent, die gemeinsame „Geschichte, wie die Europäer einen Großteil der Welt erforscht, kolonisiert – und ja, ohne Entschuldigung – zivilisiert" hätten sowie den Beitrag, den Briten durch den Kampf für die Freiheit in den Weltkriegen geleistet hätten. Die Europäische Gemeinschaft sei somit eine, aber keineswegs die einzige Ausprägung europäischer Identität. Zudem wies sie auf die gleichermaßen unbestreitbare Tatsache hin, dass Europa geographisch weiter reiche als die Gemeinschaft: „Wir werden stets Warschau, Prag und Budapest als großartige europäische Städte betrachten."

Sie gestand zu, dass Großbritannien Teil der Europäischen Gemeinschaft sei und nicht von „irgendeinem behaglichen, isolierten Dasein" an deren Rändern träume. Damit war ihr Entgegenkommen aber auch erschöpft – nun folgte der Angriff: Diese Gemeinschaft sei „kein Ziel an sich", sie sei lediglich ein „praktisches Instrument" der Europäer, um „den zukünftigen Wohlstand und die Sicherheit" ihrer Völker in der Welt zu gewährleisten. Die von ihr im folgenden präsentierten Leitlinien zur Gestaltung der Zukunft Europas ließen keinen Zweifel daran, dass nur ein Europa in thatcheristischem Gewand für die britische Premierministerin akzeptabel war: Sie bekräftigte die Rolle der unabhängigen Einzelstaaten, verlangte Ausgabenkontrolle der Kommission, die Schaffung geeigneter Rahmenbedingungen für Unternehmen, Freihandelsorientierung sowie die Beibehaltung von Grenzkontrollen im Kampf gegen Drogen, Terroristen und illegale Einwanderer. Militärisch sollten die europäischen Staaten ihre Sicherheit auf ein klares Bekenntnis zur Nuklearstrategie der NATO aufbauen.

Nicht vereinbar mit dieser Zukunftsvorstellung war die Anhäufung von Macht in den Händen einer zentralisierten Brüsseler Bürokratie. Thatchers Europapolitik war unmittelbar aus den Grundüberzeugungen ihres innenpolitischen Regierungshandelns abgeleitet: „Wir haben nicht erfolgreich die Grenzen des Staates in Großbritannien zurückgedrängt, nur um sie auf europäischer Ebene wieder aufgezwungen zu sehen, indem ein europäischer Superstaat eine neue Dominanz von Brüssel aus ausübt." Ihre Rede endete mit dem Appell, Europa als eine „Familie von Nationen" zu begreifen, die enger zusammenarbeiten, aber nationale Identitäten nicht geringer schätzen sollten als das gemeinsame europäische Unterfangen. Doch diese versöhnlich formulierten Worte konnten nicht von ihrem Generalangriff auf den grundlegenden Entwicklungsweg der europäischen Gemeinschaft, der zu dieser Zeit in der Vision einer immer engeren Kooperation und der Schaffung supranationaler Einrichtungen bestand, ablenken.

In praktischer Hinsicht ließ Thatchers Europakonzept zwar noch die Teilnahme am gemeinsamen Binnenmarkt zu, doch die Idee einer Europäischen Zentralbank wischte sie in Brügge beiseite. Mit dem Binnenmarkt war Thatchers Europa vollendet – die Brügger Rede zog die Grenze, die in Thatchers europapolitischer Perspektive nicht überschritten werden würde. Die in den späten achtziger Jahren geführte Diskussion um eine Sozialcharta sah sie mit Schrecken – nach all ihren innenpolitischen Kämpfen gegen die Gewerkschaften schienen deren Ziele nun über die europäische Hintertür wieder in Großbritannien Einzug zu halten. Ihre Tiraden gegen die „Sozialistische Charta" wirkten bis in die Regierungszeit ihres Nachfolgers John Major nach: Großbritannien trat dem Sozialabkommen zum Maastrichter Vertrag nicht bei; diesen Schritt wagte erst die Labour-Regierung unter Tony Blair 1997.

Der Fall des Kommunismus in Osteuropa und der Sowjetunion diente ihr als zusätzliche Warnung vor den Gefahren eines europäischen Superstaats. In einem Interview mit dem *Wall Street Journal* bezeichnete sie es im Januar 1990 als „sehr ironisch", dass zur selben Zeit, in der Osteuropa sich vom Joch zentralisierter Macht befreie, in der EG eine ungewählte Einrichtung wie die Kommission ständig mehr Macht zentralisiere und ihren Einfluss ausweite. Der freiwillige Charakter des europäischen Integrationsprozesses erschien ihr als verblendete Selbstaufgabe der Nationalstaaten.

Zwar traf Thatcher mit ihrer Haltung den Nerv vieler Kritiker einer übermäßigen Bürokratisierung der EG, doch ihre grundsätzliche Ablehnung jeglicher Integrationsbestrebungen isolierte sie von allen Kräften in ihrer Regierung, die einen pragmatischeren Umgang mit der Europa-Frage befürworteten. Unter diesen wuchs die Skepsis gegenüber der Premierministerin – der Rücktritt des Schatzkanzlers Nigel Lawson im Oktober 1989 und ständige Reibereien mit ihrem alten Weggefährten Geoffrey Howe waren der sichtbarste Ausdruck dieser Bruchlinien innerhalb der Regierung. Während Thatcher sich von diesen im Stich gelassen fühlte, sahen viele Beobachter das Problem eher bei ihr: So meinte der Historiker Timothy Garton Ash 1990, sie halte den „Schwarzen Peter", weil sie in „Ton und Stil“ die positiven Bemühungen vieler britischer Politiker um eine vernünftige Ankopplung an das europäische Projekt zunichte gemacht habe; sie habe versagt „bei der Suche nach einer eigenen Sprache für Großbritannien in Europa, einer Sprache, in der Kritik nicht automatisch zu Anklage wird und Lob nicht wie Tadel klingt“.

Letztlich verlor Thatcher in der Europapolitik die Initiative – ihre Einlassungen ließen ihr nur noch die Rolle eines Bremsers, der den rollenden Zug schon längst nicht mehr aufhalten kann. Sie nährten aber in ihrer eigenen Partei einen Europaskeptizismus, der die Regierungszeit ihres Nachfolgers vergiftete. Als Premierminister John Major 1992 im britischen Parlament für die Ratifizierung des Vertrags von Maastricht warb, bot seine Vorgängerin das seltene Schauspiel, die Mitglieder ihrer Partei dazu aufzufordern, gegen die Vorlage der eigenen Regierung zu stimmen. Trotz Ausstiegsklauseln aus mehreren europäischen Gemeinschaftsprojekten gelang es Major nicht mehr, seine Partei auf einen von allen getragenen europapolitischen Kurs zu verpflichten. Die Meinungsführerschaft in den konservativen Reihen übernahmen zunehmend die Skeptiker, die sich dabei des Segens der erfolgreichsten Parteiführerin des 20. Jahrhunderts gewiss sein konnten. Diese wurde mit dem Alter immer unversöhnlicher. In ihrer politischen Vermächtnisschrift *Statecraft* steigerte sich die Sorge vor einem übermächtigen europäischen Staat zur grundsätzlichen Ablehnung „kontinentaler“ Einflüsse, wenn sie schrieb: „Solange ich lebe, sind die meisten Probleme, denen sich die Welt gegenüber sieht, vom europäischen Festland gekommen und die Lösungen von außerhalb.“

Diese späte Tirade markierte den End-, nicht den Ausgangspunkt ihrer Europapolitik, die sie selbst in *Statecraft* als „einen immer intensiveren Kampf“ charakterisierte. Doch schon in ihren frühen Amtsjahren hatte Thatcher sich zwar für die EG ausgesprochen, aber – in den Worten des Bundeskanzlers Schmidt – „nicht mit dem Herzen, nur mit dem Verstand.“ Nie gab sie ihre Zurückhaltung gegenüber einer Überwindung nationalstaatlicher Souveränität durch den europäischen Einigungsprozess auf. Erst ihre Machtlosigkeit, das Überschreiten der in der Brügge-Rede 1988 gezogenen Grenze durch den anhaltenden Integrationsprozess verhindern zu können, führte aber dazu, dass der Verstand ihr riet, dem Herzen freien Lauf zu lassen. In ihren späten Jahren erstarrte ihre Einstellung gegenüber den europäischen Einigungsbestrebungen im Hass.

Mit diesem Endpunkt hinterließ Thatcher ihrer Partei eine schwere politische Hypothek, an der sich eine ganze Generation konservativer Parteiführer aufrieb. Noch die Entscheidung des konservativen Premierministers Cameron zur Abhaltung eines „Brexit"-Referendums war nicht zuletzt dem Versuch geschuldet, damit die europapolitischen Auseinandersetzungen in der eigenen Partei zu befrieden. Auch wenn das Abstimmungsergebnis vom Juni 2016 Thatchers Willen zum Erhalt nationalstaatlicher Souveränitätsansprüche zu entsprechen schien, dürfte es in seinen Konsequenzen doch nicht ungebrochen ihre politische Haltung reflektiert haben – zumindest ist nicht ausgemacht, dass die Verfechterin eines europäischen Binnenmarkts die handels- und wirtschaftspolitischen Folgen eines „Brexit" befürwortet hätte.

Während Thatchers potentielle Haltung zu aktuellen politischen Entscheidungen letztlich nur als Gedankenspiel erörtert werden kann, hatte sich die Premierministerin durch ihre europaskeptische Position in jedem Fall ihr eigenes politisches Schicksal erschwert. Dies zeigte sich vor allem, als das Misstrauen gegenüber Europa zur Folie einer unvorhergesehenen politischen Herausforderung wurde – der Gestaltung des deutschen Einigungsprozesses.

VIII.

Thatcher und die deutsche Einheit

Die Reformbewegungen der späten achtziger Jahre im sowjetischen Machtbereich in Osteuropa begrüßte Thatcher als überwältigende Bestätigung ihrer eigenen politischen Leitideen. In einer Rede vor der Nachwuchsorganisation ihrer Partei behauptete sie im Februar 1990, der Zerfall der „Dogmen des marxistischen Sozialismus" sei „eine Revolution konservativer Werte". Mit ihrem Bekenntnis zu freiem Unternehmertum und Nationalstolz hätten die Völker Osteuropas „nicht nur die totalitäre Diktatur" abgeschüttelt, sondern – mehr noch – dem Sozialismus überhaupt eine Absage erteilt. Die Welt befreie sich von zentraler Planung und Staatskontrolle, von niederdrückender Ineffizienz, Mangelwirtschaft, Bürokratie, Neid, Korruption, Unterdrückung – nie, so Thatcher, hätten jemals zuvor ihre eigenen Ideale „dramatischer triumphiert". Doch als im Jahr 1999 in Berlin der zehnte Jahrestag des Mauerfalls in Anwesenheit ehemaliger Staats- und Regierungschefs der Vereinigungsgeneration gefeiert wurde, hatte Margaret Thatcher ihre Teilnahme abgesagt – sie wollte nach eigener Aussage „die Party nicht verderben". Stolz hätte sie die Öffnung der Berliner Mauer als markantesten Beweis für das Scheitern des Sozialismus genießen können, stattdessen wertete sie die daraus erwachsene deutsche Vereinigung in ihren Memoiren mürrisch als größten außenpolitischen Fehlschlag ihrer Karriere. Wie hatte es zu dieser Distanzierung von einem Ereignis kommen können, dessen fundamentale Bedeutung im Auflösungsprozess des Ostblocks Thatchers außenpolitische Linie zu krönen schien?

Gewiss, die Zusammenarbeit zwischen Großbritannien und der Bundesrepublik (die DDR spielte keine wesentliche Rolle) hatte nach dem Zweiten Weltkrieg nicht immer reibungslos funktioniert, letztlich aber fand der Austausch zwischen den ehemaligen Feinden in guter Nachbarschaft und im Rahmen einer Vielzahl ökonomischer, kultureller und militärischer Verflechtungen statt. Die europapolitischen Perspektiven mochten sich unterscheiden, doch die Mentalitätsdifferenzen führten nicht zu einem grundlegenden Auseinanderdriften der außenpolitischen Kernziele beider Länder; regelmäßige politische Konsultationen auf höchster Ebene trugen auch in der Thatcher-Zeit dazu bei, in weltpolitischen Krisensituationen, wie der sowjetischen Besetzung Afghanistans 1979, nach einer gemeinsamen Linie zu streben. 1975 hatte der erste Auslandsbesuch der neu gewählten Oppositionsführerin der Bundesrepublik Deutschland gegolten, während 1979 ein London-Besuch des Bundeskanzlers Schmidt als erstes Treffen mit einem ausländischen Regierungschef nach dem Wahlsieg anstand. Beide Ereignisse zeugten zwar nicht von einem ausgeprägten Interesse Thatchers an Deutschland – das erste war eher dem in Großbritannien anstehenden EG-Referendum zu verdanken, das zweite hatte noch die Vorgängerregierung arrangiert –, aber doch von einer funktionierenden Arbeitsbeziehung, die ihre Regierung fortführen konnte.

Das persönliche Verhältnis der britischen Regierungschefin zu den Bundeskanzlern war allerdings nicht wirklich entspannt. Der scharfsinnige Analytiker Helmut Schmidt genoss immerhin ihren Respekt, auch wenn von starker wechselseitiger Sympathie nicht die Rede sein konnte. Den jovial auftretenden Helmut Kohl dagegen unterschätzte die Premierministerin – wie so viele ihrer Zeitgenossen. Das klassische Saumagen-Essen in seiner pfälzischen Heimat, das Kohl ihr wie vielen seiner Staatsgäste angedeihen ließ, bestärkte bei ihr nur den Eindruck der Provinzialität. Einer ihrer Vertrauten meinte 1990, die selbststilisierte weltpolitische Visionärin sehe in Kohl lediglich einen „Wurst essenden, korpulenten, schwerfälligen Teutonen". Dieser wiederum empfand den Umgang mit ihr „wie ein Wechselbad": Mal war sie „hinreißend freundlich", dann wieder legte sie bei ihrem Gesprächspartner „Kompromißbereitschaft als Schwäche" aus. Kohl erkannte aber an, dass sie stets

„mit offenem Visier" gefochten habe und „nie nachtragend" gewesen sei.

Wie ihre Vorgänger rückte auch die Thatcher-Regierung nicht von dem in Artikel 7 des Deutschlandvertrags formulierten Ziel eines wiedervereinigten Landes ab, „das eine freiheitlich-demokratische Verfassung, ähnlich wie die Bundesrepublik, besitzt und das in die europäische Gemeinschaft integriert ist". Diese Unterstützung bekundeten nicht nur britische Diplomaten und Außenminister, sondern Thatcher selbst bekräftigte 1984 in einer gemeinsamen Erklärung mit Helmut Kohl, eine „wirkliche und dauerhafte Stabilität in Europa" werde „schwer zu erreichen sein, solange die deutsche Nation gegen ihren Willen geteilt" sei.

Solange die deutsche Vereinigung ein politisches Fernziel blieb, formulierten solche Verlautbarungen eine gemeinsame Linie, mit der beide Seiten in Zeiten des Kalten Krieges gut leben konnten. Was Thatcher anging, stand das in der Formel enthaltene Unterstützungsversprechen allerdings unter einem Vorbehalt: Für sie rangierte die „Stabilität in Europa" in seiner Bedeutung vor dem Ziel einer deutschen Vereinigung. Als diese sich 1989 abzuzeichnen begann, wendete sich in Thatchers Überlegungen der Stabilitätsaspekt gegen den Wiedervereinigungsgedanken.

Schon in der ersten Hälfte des Jahres 1989 sorgten Fragen der europäischen Sicherheitsarchitektur für britisch-deutsche Verstimmungen. Kohl verärgerte Thatcher, als er sich gegen eine Modernisierung von atomaren Kurzstreckenraketen aussprach, die ihr als unverzichtbares Element einer wirksamen Abschreckungspolitik gegenüber dem sowjetischen Machtbereich erschienen. Hinter dem Zögern der Bundesregierung angesichts eines Waffensystems, das im Ernstfall auf deutschem Boden niedergegangen wäre, vermutete die Premierministerin Neutralitätsillusionen und eine allmähliche Abwendung von der NATO – dem für sie zentralen Stabilitätsanker des westlichen Sicherheitssystems.

Thatchers Sorgen wuchsen, als die deutsche Vereinigung mit den Auflösungserscheinungen des sowjetischen Machtblocks in Osteuropa, dem Mauerfall und Kohls beherztem Zehn-Punkte-Plan

(28. November 1989) vom vage beschworenen Ideal zum konkreten politischen Ziel mutierte. Ging nicht alles viel zu schnell? Würde es nicht eine Reihe von Jahren dauern, bis eine neue europäische Sicherheitsordnung ausgearbeitet war? Welche Rolle würde ein vereintes, ökonomisch, politisch und vielleicht gar militärisch stärkeres Deutschland in Zukunft spielen?

Mit diesen und ähnlichen Sorgen stand Margaret Thatcher keineswegs allein, weder im eigenen Land, noch bei den übrigen europäischen Partnern. Da kein Friedensvertrag den Zweiten Weltkrieg abgeschlossen hatte, herrschte ein völkerrechtliches Provisorium, das den vier ehemaligen Siegermächten weit reichende Vorbehaltsrechte in deutschlandpolitischen Entscheidungen einräumte, insbesondere in militärischen und Grenzfragen. Nur mit US-Präsident George Bush konnte sich der deutsche Kanzler rasch auf strategische Leitlinien zur Herbeiführung der deutschen Einheit verständigen. Der französische Präsident François Mitterand hingegen teilte manche der britischen Bedenken. Thatcher hoffte, ihn als Partner gewinnen zu können, mit dessen Hilfe sich der deutsche Einigungsprozess zumindest verlangsamen, wenn nicht aufhalten ließe. Doch dieses Vorhaben scheiterte. Der wendige Mitterand erkannte rasch, dass der Vereinigungswunsch sich nutzen ließ, um Deutschlands Unterstützung für die beschleunigte Einführung einer gemeinsamen europäischen Währung zu gewinnen. Für die europaskeptische Britin konnte dies kein Preis sein, für den sich die Einstellung des Kampfes lohnte.

Die Sturheit, mit der sie ihre zunehmende Isolierung in dieser Frage ignorierte und sich jedes Zugeständnis auf dem Weg zur Einheit nur widerstrebend abringen ließ, lässt sich allein mit Blick auf die nachvollziehbaren Sicherheits- und Stabilitätserwägungen nicht erklären. Thatchers Problem ging darüber hinaus: Sie hatte schlichtweg Angst vor Deutschlands zukünftiger Machtstellung. Oft werden für diese emotionale Grundierung ihrer Deutschlandpolitik die Erfahrungen der jungen Margaret während des Zweiten Weltkriegs verantwortlich gemacht, als Grantham wegen seiner Militäranlagen Ziel deutscher Bombenangriffe war und die Schülerin ihre

Hausaufgaben bei Fliegeralarm unter dem Küchentisch sitzend erledigen musste. Sicherlich steckte hinter ihrem Misstrauen gegenüber Deutschland und den Deutschen eine Generationserfahrung, die auch über 40 Jahre nach Kriegsende nicht völlig abzuschütteln war. Doch Thatchers Problem muss auf einer noch tieferen Ebene verortet werden – es offenbarte verengte Grundmuster ihres politischen Denkens und ihres Verständnisses von Geschichte.

Thatchers beschränkte historische und politische Vision, ihrer Umgebung schon länger bekannt, kam zum Vorschein bei einem Seminar auf ihrem Landsitz Chequers, zu dem sie im März 1990 neben dem Außenminister sechs britische und amerikanische Experten zur deutschen Geschichte eingeladen hatte. Dieses Seminar ist berüchtigt wegen des im Juli 1990 an die Presse gelangten Protokolls, in dem Thatchers außenpolitischer Berater Charles Powell die Ergebnisse der Gespräche zusammenfasste. Eigentlich hatte es sich um eines der üblichen Seminare gehandelt, die Thatcher gerne veranstaltete, um in informeller Atmosphäre über politische Grundsatzfragen zu diskutieren. Diese Institutionalisierung des anregenden Gedankenaustauschs verweist auf eine prinzipielle Offenheit der Premierministerin für intellektuelle Anregungen und für Positionen, die ihren eigenen widersprachen. Doch in diesem Fall war vieles anders. Offenbar erwartete sie, die Seminarteilnehmer würden argumentative Schützenhilfe für ihr Unbehagen gegenüber der deutschen Vereinigung liefern – zumindest hatten mehrere der anwesenden renommierten Professoren den Eindruck, die Premierministerin wolle lieber eigene Vorurteile bestätigt sehen, statt sich auf Gegenargumente einzulassen. Als das Powell-Protokoll drei Monate nach dem Treffen an die Öffentlichkeit gelangte, erregte insbesondere eine Auflistung angeblicher Wesensmerkmale der Deutschen Befremden; als solche vermerkte das Protokoll „Angst, Aggressivität, Überheblichkeit, Rücksichtslosigkeit, Selbstgefälligkeit, Minderwertigkeitskomplex, Sentimentalität". Die Aufregung, die diese Passagen auslösten, war insofern übertrieben, als der Tenor der Experten-Äußerungen über Deutschland während des Seminars eigentlich sehr positiv gewesen war; mehrere Teilnehmer wiesen

Margaret Thatcher 1979 auf Wahlkampftour in Suffolk

Margaret Thatcher in der Downing Street am Tag ihres Amtsantritts als Premierministerin (4. Mai 1979)

nach Bekanntwerden des Protokolls empört darauf hin, dass sie sich nicht zu solch platten und plakativen Definitionen eines angeblichen deutschen Nationalcharakters hatten hinreißen lassen. Schnell wurde deutlich, dass Powell sein Protokoll weniger an den Expertenstatements als an den Erwartungen der Premierministerin orientiert hatte. Doch gerade dies warf ein bezeichnendes und beunruhigendes Licht auf Thatchers Denken: Offenkundig glaubte die britische Regierungschefin an die Existenz unveränderlicher Nationalcharaktere einzelner Völker, die in der Geschichte verwurzelt und nicht revidierbar seien.

Diese Denkschablonen brachen bereits in der Vorbereitung des Chequers-Seminars hervor. Am Rande des Entwurfs für den Fragenkatalog, der behandelt werden sollte, notierte die Premierministerin, es gelte, „some of the old balance of power" [etwas vom alten Mächtegleichgewicht] zu berücksichtigen. Allerdings werde dieses traditionelle Mächtegleichgewicht in Zukunft wohl nicht mehr durch die Herrschenden, sondern durch „the character of the people" [den Charakter des Volkes] entschieden. Wenn dieser „Charakter" gleichbedeutend mit unveränderlichen Wesenszügen einer Nation war, lag die Einschätzung nicht fern: einmal Feind – immer Feind. George Urban, einer der Experten beim Chequers-Seminar, hatte sogar den Eindruck, Thatcher sehe weniger im Kommunismus als in den Deutschen Großbritanniens wahren Feind.

Diesen Eindruck verstärkte in der Öffentlichkeit kurz vor dem Bekanntwerden des Chequers-Protokolls ein unglückseliges Interview des Handelsministers Nicholas Ridley, eines engen Vertrauten und ideologischen Weggefährten Thatchers. In einem Musterbeispiel für angewandte Heimtücke verführte der *Spectator*-Journalist Dominic Lawson den Minister zu Äußerungen, die suggerierten, Ridley habe – wie der *Spiegel* schrieb – „Kohl und Hitler in einem Atemzug" genannt. Eigentlich hatte Ridley mit dem Hitler-Vergleich die europäische Kommission in Brüssel treffen wollen, die Verknüpfung mit dem Namen des Bundeskanzlers brachte erst der Journalist in das Gespräch ein. Doch auch jenseits dieser skandalträchtigen Zuspitzung hatte der Minister dermaßen gegen die

Deutschen und ihren angeblichen Plan gewütet, durch ihre ökonomische Macht die Dominanz in Europa erringen zu wollen, dass sein Rücktritt trotz Thatchers Rückendeckung nicht zu verhindern war. Gerade die zögerliche inhaltliche Distanzierung der Premierministerin wirkte wie eine Unterstützung für Ridleys Deutschen-Hass.

Dieses öffentlichkeitswirksame Aufwallen antideutscher Ressentiments bildete aber letztlich ein überflüssiges Rückzugsgefecht: Schon zum Zeitpunkt des Chequers-Treffens im März hatte Thatcher den Fahrplan zur deutschen Einheit, die Zwei-plus-Vier-Gespräche, akzeptiert (auch wenn sie lieber von einer Vier-plus-Zwei-Formel gesprochen hätte). Öffentlich bemühte sie sich ab dem Frühjahr 1990, eine gute Miene zum für sie unangenehmen Spiel zu machen. So war sie Ende März 1990 bei britisch-deutschen Gesprächen in Cambridge sichtlich um eine Befriedung der Situation bemüht. Sie bekundete ihre Zufriedenheit mit den internationalen Lösungen rings um den deutschen Einigungsprozess und beanspruchte sogar für ihr Land einen maßgeblichen Anteil am Erfolg des deutschen Einigungsstrebens. Dazu berief sie sich auf die Rolle Großbritanniens beim Aufbau einer deutschen Presse nach dem Krieg, die Berliner Luftbrücke und die britische Militärpräsenz in der Bundesrepublik.

Das verbreitete Bild, Thatcher habe in der Vereinigungsfrage alle deutschen Anstrengungen systematisch torpediert, wird häufig in zu grellen Farben gemalt. So unterstützte die Premierministerin wiederholt die deutsche Seite in ihrem Bestreben, der Sowjetunion zu versichern, ein geeintes Deutschland werde weder friedensgefährdend noch ein Risiko für die Stabilität der UdSSR sein. Dennoch hatte das Chequers-Seminar kurz vor dem britisch-deutschen Gipfel im März deutlich gezeigt, wie schwer Thatcher sich innerlich weiterhin mit der veränderten Lage tat. Selbst ihre eigenen Diplomaten wunderten sich, wie stark die Premierministerin in den Denkmustern der Weltkriegszeit oder gar der weltpolitischen Rivalitäten des späten 19. Jahrhunderts befangen blieb. In einem erschreckenden Ausmaß verbanden sich bei Ridley und Thatcher antideutsches Ressentiment und eine beschränkte historische Vision, die in engste nationalstaatliche Kategorien verfiel, wenn die weltpolitische Lage komplex und unübersichtlich zu werden drohte. Die britische Premierministerin selbst befleißigte sich gegenüber Deutschland und Europa häufig eines Tonfalls, den der Chequers-Teilnehmer Timothy Garton Ash als in Großbritannien verbreitete „einzigartige Mischung von Ressentiment und Frivolität" beklagte. Bezeichnend war Thatchers Reaktion in einem Interview mit dem Nachrichtenmagazin *Der Spiegel* vom 26. März 1990: Gefragt, ob sie Angst davor habe, dass ein vereinigtes Deutschland „Europa politisch und wirtschaftlich dominieren" werde, hätte sie problemlos abwägend oder mit einer Vertrauensbekundung in die deutsche Politik antworten können. Stattdessen verfiel sie umstandslos in den Kampfmodus: „So leicht sind wir nicht zu dominieren, wir bestimmt nicht." Zur Unterfütterung noch eine kleine Geschichtslektion: „Wir haben das älteste Parlament in Europa – 700 Jahre alt ist es. Uns dominiert man nicht so leicht."

Dieser Tonfall entsprach allerdings mehr den Usancen der Regenbogenpresse als einem seriösen politischen Diskurs. In dessen Rahmen war er längst nicht mehr so unangefochten akzeptiert, wie die Premierministerin dies anzunehmen schien. Im britischen Außenministerium registrierte man ihn eher mit Befremden. Eine scheinbare terminologische Marginalie verdeutlicht den Unterschied in der Haltung von Premier- und Außenminister: Douglas Hurd mahnte intern im Januar 1990, nicht von einer britischen Strategie der Verlangsamung (*slowing down*) in der Frage der deutschen Einheit zu sprechen; zwar teilte er Thatchers Sorge vor einem übereilten Prozess, doch anders als sie hatte er keine Vorbehalte gegenüber der Vereinigung an sich; eine gezielte Verzögerungstaktik lehnte er ab. Thatcher dagegen bekundete noch in ihren Erinnerungen und in ihrem Alterswerk *Statecraft* ungerührt, sie habe den Einigungsprozess „verlangsamen" wollen.

Thatchers selbst empfundenes Scheitern in der Vereinigungsfrage lag nicht nur an der Isolierung ihrer Position, sondern vor allem an einer gravierenden politischen Fehleinschätzung: Ihr Argumentieren mit dem Stabilitätsargument ging davon aus, dass die europäische Sicherheitsarchitektur die Existenz einer starken, wenn auch durch die Perestroika des sowjetischen Staats- und Parteichefs Michail Gorbatschow reformierten Sowjetunion voraussetze. Gorbatschow aber würde, so die Annahme, durch eine Zustimmung zur deutschen Einheit innenpolitisch so unter Druck geraten, dass seine Reformpolitik und womöglich sein politisches Überleben in Frage stünden. Diese Sorge teilte Thatcher mit vielen westlichen Politikern und Diplomaten. Während diese daraus vielfach den Schluss zogen, der deutsche Vereinigungsprozess müsse vorangetrieben werden, solange dies noch möglich sei, suchte Thatcher Gorbatschow noch zu einem Zeitpunkt in seiner Ablehnung der deutschen Einheit zu stützen, als dieser sich längst damit arrangiert hatte. Außenminister Hurd jedenfalls erhielt den Eindruck, die britische Politik sei „pro-russischer als die Russen".

Thatcher, die sich viel auf ihr gutes Verhältnis zum sowjetischen Staats- und Parteichef einbildete, wurde davon sichtlich überrascht. Schon ab dem Winter 1989/90 blieben ihr nur noch gelegentliche Störfeuer. So verlangte sie von Deutschland eine Anerkennung der Oder-Neiße-Grenze bereits vor dem Vollzug der Einheit und die Zusage des Verbleibs der geeinten Nation in der NATO. Die später von ihr reklamierten Erfolge in diesen Fragen konnten aber nicht darüber hinwegtäuschen, dass sie hier nur besonders lautstark grundlegende Forderungen der westlichen Verbündeten, nicht etwa spezifisch britische Positionen vorgebracht hatte. Beim deutschen Bundeskanzler rannte sie damit allemal offene Türen ein, auch wenn dessen unklare Äußerungen in der polnischen Grenzfrage zeitweilig für Verwirrung sorgten. Vor allem aber konnten die angeblichen Verhandlungserfolge nicht kaschieren, dass die britische Premierministerin die Schwäche der Sowjetunion durch die Wucht der Eruptionen in Osteuropa in ihrer Bedeutung nicht erfasst hatte. Erst im Frühjahr 1990 erkannte sie, dass der Warschauer Pakt „praktisch nicht mehr" existierte. Die Mischung aus einem Denken in veralteten Kategorien und ihrer fehlenden Fähigkeit, Veränderungen des weltpolitischen Status quo mitzugestalten, führte dazu, dass sie ihren großen ideologischen Erfolg unzureichend ausspielte und sich in den entscheidenden Monaten in Widersprüche verstrickte. Eine Politikerin, die sich stets für das Selbstbestimmungsrecht der Völker ausgesprochen hatte, tat sich nun schwer mit der Vereinigungsentscheidung eines politischen Partners; eine Premierministerin, die sich die Stärkung von Freiheit und individueller Verantwortlichkeit auf die Fahnen geschrieben hatte, glaubte eine ganze Nation in einem unveränderlichen Nationalcharakter gefangen, womit sie faktisch die Freiheit des Landes, sich selbst neu zu erfinden, leugnete. Überdies verbaute sie sich mit ihrer europapolitischen Linie von vornherein die von Mitterand so geschickt genutzte Chance, zukunftsweisendes Potential aus dem deutschen Vereinigungsprozess zu gewinnen. Als einziger bedeutender Akteur stand sie dem deutschen Einigungsprozess ohne plausible Zukunftsperspektive und daher letztlich ohne Einflussmöglichkeit gegenüber.

IX.

Der Sturz

Im Jahr 1990 stand Margaret Thatcher elf Jahre an der Spitze der Regierung, seit 15 Jahren führte sie die Konservative Partei. Sie selbst zeigte weiterhin keine Ermüdungserscheinungen – anders ihre Partei. Thatchers Regierungsstil ließ sich immer schwerer ertragen. Ohnehin nie zimperlich im Umgang mit Leuten, die ihre Meinung nicht teilten, nahmen Rechthaberei und Herablassung in den späten achtziger Jahren noch zu. Betrübt stellte ihr ehemaliger Bewunderer George Urban im Dezember 1989 fest: „Macht steigt zu Kopf, sogar bei einer so intelligenten Dame wie Margaret Thatcher." Nach anderthalb Jahrzehnten an der Spitze von Partei und Regierung hatte Thatcher viel Personal verschlissen, das auf den Hinterbänken des Parlaments auf Anzeichen von Schwäche lauerte, um sich ihrer zu entledigen. Im Kabinett hatte eine junge Generation von Ministern Einzug gehalten, die ihren Aufstieg der Regierungschefin verdankten, deren Loyalität aber bei einigen endete, wenn sie ihre weitere Karriere in Gefahr sahen. Gleiches galt für manche Parlamentsabgeordnete, die ihre Sitze 1987 nur mit geringem Stimmenvorsprung gewonnen hatten und der nächsten Wahl mit Sorge entgegen blickten. Thatchers scheinbar gefestigte Position konnte daher leicht ins Wanken geraten, sollte sich die Premierministerin für die Partei als Bürde erweisen.

Dieser Zeitpunkt war im Frühjahr 1990 gekommen. Ende März notierte Alan Clark den Eindruck, „dass die Partei im Unterhaus schlicht die Nase voll von ihr hat". Wenige Tage später beobachtete er, dass viele Abgeordnete „nun offen darüber reden, die Lady loszuwerden, um ihre Haut zu retten". Auslöser der Panik unter den Parlamentariern war die Gemeindeabgabe (*community charge*). Sie war Ergebnis einer von Thatcher gegen starken Widerstand aus den eigenen Reihen vorangetriebenen Reform der Gemeindefinanzierung. Bislang wurden die Lokalsteuern (*rates*) auf Immobilienbesitz erhoben. Daher trug nur ein Teil der Wahlberechtigten zum Steueraufkommen der Gemeinden bei. Thatcher sah darin eine Einladung zur Verschwendung von Finanzmitteln durch die Stadträte, da diese leichtfertig Wahlversprechen machen konnten, die nur von einem Teil der Wähler finanziert werden mussten. Ihr Vorschlag eines fairen Systems sah die Besteuerung von Personen vor: Wenn jeder zum Steueraufkommen seiner Gemeinde beitrage, bestehe ein größerer Anreiz zur verantwortungsbewussten Gestaltung der lokalen Ausgaben.

Diese Argumentation von Prinzipien her war ein fataler politischer Fehler. Die neue Steuerregelung war kompliziert, regressiv und unpopulär. Schnell hatten ihre Gegner den Begriff der *Poll Tax* (Kopfsteuer) geprägt und hielten der Premierministerin Klientelpolitik vor: Jeder Mieter zahlte nun dasselbe wie der Hausbesitzer – wieder einmal entlastete Thatchers Politik die Reichen, während zusätzliche Ausgaben auf die ärmeren Schichten der Bevölkerung zukamen. Die Neuregelung war zusätzlich anrüchig, da viele Stadträte von der Labour Party dominiert waren. Thatcher führte also einen weiteren Schlag gegen die letzten Bastionen des „Sozialismus".

Die Protestwelle begann in Schottland, wo die Steuer zuerst eingeführt wurde. Sie schwappte im Frühjahr 1990 nach England über; im März des Jahres erlebte London Straßenschlachten zwischen Demonstranten und Polizisten. Die Umfragewerte der Konservativen Partei sanken, ebenso die Popularitätswerte der Premierministerin; bei den Kommunalwahlen im Mai erzielte die Labour Party einen überwältigenden Sieg. Die konservativen Parlamentarier wurden unruhig. Es fehlte aber noch ein Anlass, der die angespannte innerparteiliche Situation zur Explosion gebracht hätte. Diesen lieferte wenige Monate später die Europapolitik.

Im Oktober 1990 kam Thatcher erbost von einem Treffen des Europäischen Rats in Rom zurück, auf dem die übrigen Staaten gegen ihren Willen und entgegen vorher getroffener Absprachen die Planungen zur Schaffung einer Währungsunion vorangetrieben hatten. Im Unterhaus brach sich ihre Empörung am 30. Oktober Bahn: Nie werde sie akzeptieren, dass die Organe der Europäischen Gemeinschaft zu einer europaweiten Regierung fortentwickelt würden – „No! No! No!" Damit sprach sie vielen ihrer Landsleute aus dem Herzen, doch längst nicht alle Mitglieder der Regierung teilten ihre grundsätzliche Europaskepsis. Potentielle innerparteiliche Kritiker gab es genug. Zur Überraschung aller ergriff der unwahrscheinlichste Kandidat für eine Rebellion die Initiative: Geoffrey Howe. Der frühere Finanz- und Außenminister, inzwischen auf den wenig einflussreichen Rang des Vize-Premiers gestutzt, hatte jahrelang öffentliche Demütigungen der Premierministerin geduldig über sich ergehen lassen; Spötter schrieben ihm die Wildheit eines toten Schafs zu. Doch nun trieb ihn der starrsinnige Ton der Regierungschefin zum Handeln. Er erklärte seinen Rücktritt und hielt am 13. November eine vernichtende Abschiedsrede im Parlament. Ruhig im Ton, bohrte er geduldig das Messer in die Wunden der Thatcher-Politik, während die Angegriffene wie erstarrt auf der Regierungsbank saß. Howe verspottete Thatchers albtraumhafte Ängste gegenüber Europa und plädierte für eine stärkere Beteiligung Großbritanniens an den europäischen Gemeinschaftsprojekten, damit das Land nicht erneut bei wichtigen Richtungsentscheidungen ohne Einflussmöglichkeit außen vor bleibe. Den entscheidenden Stoß aber führte er im letzten Satz seiner Rede: Er rief „andere" dazu auf, nicht seinen eigenen Fehler zu wiederholen und wegen Loyalitätskonflikten zu lange zur Premierministerin zu halten.

Klarer als durch die offenen Worte eines Anhängers der ersten Stunde hätte sich kaum das Ausmaß an Frustration und Verbitterung demonstrieren lassen, das sich in den langen Jahren der Thatcher-Dominanz unter ihren Kollegen aufgestaut hatte. Howe lud dazu ein, die Dämme brechen zu lassen – seine Rede hätte zu keinem dramatischeren Zeitpunkt kommen können. Am 20. November stand die Wahl zum Parteivorsitz an, die laut Satzung der Konservativen jährlich fällig war. Allerdings war es unüblich, einen amtierenden

Premierminister in einen Kampf um den Parteivorsitz zu verwickeln; auch Thatcher war 1975 erst nach einer verlorenen Parlamentswahl gegen Heath angetreten. Doch bereits 1989 hatte Sir Anthony Meyer, ein chancenloser Hinterbänkler, mit dieser Tradition gebrochen und damit den Weg für eine erneute Herausforderung 1990 geebnet. Diesmal stand ein glaubwürdiger Kandidat bereit: Michael Heseltine. Er war 1986 im Zuge der Westland-Affäre von seinem Amt als Verteidigungsminister zurückgetreten und seitdem von den Oppositionskräften in der eigenen Partei als potentieller Herausforderer der Premierministerin gehandelt worden. Der Schlusssatz in Howes Rede wurde allgemein als Aufruf an Heseltine interpretiert, sich aus der Deckung zu wagen. Dieser reagierte umgehend – am Folgetag erklärte er seine Kandidatur für den Parteivorsitz.

Der charismatische Heseltine hatte es als Verleger zum Millionär gebracht, bevor er in die Politik einstieg. Bereits in der Westland-Affäre hatte die Europafrage eine Rolle gespielt, da sich Heseltine anders als die Premierministerin für die Übernahme des Unternehmens durch ein europäisches Konsortium statt einer amerikanischen Firma ausgesprochen hatte. Zudem war sein Name mit dem populären Verkauf der *council houses* verbunden, für dessen gesetzgeberische Grundlage er in Thatchers erstem Kabinett verantwortlich gewesen war. Er konnte sich daher als europapolitische Alternative innerhalb des Thatcherismus präsentieren und sprach auch Abgeordnete an, die weniger der Politik als der Person Thatchers überdrüssig waren.

Dennoch rechnete Thatcher nicht mit einer Niederlage. Sie konnte sich nicht vorstellen, dass die Partei sich gegen eine amtierende Premierministerin stellen würde, die bislang alle Wahlen gewonnen hatte und internationale Reputation genoss. Zudem hielt sie sich für unentbehrlich angesichts des bevorstehenden Krieges im Nahen Osten nach der Besetzung Kuwaits durch Saddam Hussein.

Dieses Selbstverständnis sowie schlechte Berater verführten die Premierministerin zu mehreren taktischen Fehlern. Der größte war wohl, dass sie während der entscheidenden Phase des innerparteilichen Wahlkampfs gar nicht in Großbritannien weilte. Vom 19. bis zum 21. November nahm sie an der KSZE-Konferenz in Paris teil, die in Anwesenheit aller Spitzenpolitiker aus Ost und West das Ende des Kalten Krieges besiegeln sollte. Sie hoffte, durch den Auftritt auf internationalem Parkett den Abgeordneten in der Heimat ihr weltweites Ansehen vor Augen führen zu können. Doch dies war nicht die Geste, die von ihr erwartet wurde. Wichtiger wäre es gewesen, in London ihr Interesse an der Unterstützung potentieller Wähler deutlich zu machen und eine gewisse Zerknirschung über Auswüchse ihres Führungsstils an den Tag zu legen. Viele nahmen die Paris-Reise wahr als Zeichen ihres Hochmuts und als Beweis, dass die Premierministerin den Kontakt zu ihrer Fraktion verloren hatte. Zudem wehte in ihrer Abwesenheit der Hauch der Konspiration durch die Gänge des Parlaments. In immer neuen Konstellationen trafen sich Abgeordnete, um zu spekulieren, was im Fall einer Niederlage der Parteivorsitzenden passieren würde. Diese Überlegungen entwickelten eine Eigendynamik; noch bevor überhaupt gewählt worden war, begannen erste Absetzbewegungen durch Personen, die sich für alle Eventualitäten des Wahlausgangs Optionen offen halten wollten.

Eine gut geführte Wahlkampagne hätte diesen Trend vielleicht eindämmen können – doch Thatchers Wahlkampfteam patzte. Es wurde hastig zusammengestellt und mit wenig Dynamik von ihrem parlamentarischen Staatssekretär Peter Morrison geleitet. Dieser war siegesgewiss und erstellte Modellrechnungen, die jeweils in Mehrheiten für die Premierministerin endeten. Alan Clark, der die drohende Gefahr spürte, war erbost, als er Morrison am Tag vor der Abstimmung selbstzufrieden in dessen Büro beim Mittagschläfchen antraf, die Füße auf den Tisch gelegt, während in den Fluren die Heseltine-Kampagne und der Kandidat selbst um jede mögliche Stimme warben.

Thatcher erfuhr das Ergebnis der Abstimmung am Abend des 20. November in einem Zimmer der britischen Botschaft in Paris kurz vor einem Gala-Diner mit Ballettaufführung. Sie hatte 204 Stimmen erhalten, Heseltine 152. Ein klarer Sieg – doch es waren vier Stimmen zu wenig, um nach den eigenwilligen Regeln der konservativen Wahl-Satzung (Mehrheit plus 15 %) schon im ersten Wahlgang den Parteivorsitz zu behaupten. Dies war eine Größenordnung, die eine professionell geführte Kampagne wohl leicht hätte sichern können.

Noch in Paris beging Thatcher einen weiteren taktischen Fehler, wieder einem missglückten Rat aus ihrem engsten Zirkel in London folgend: Man hielt es dort nach vielen Diskussionen für sinnvoll, wenn sie sofort nach Bekanntgabe des Wahlergebnisses öffentlich ihre Absicht verkündete, zum zweiten Wahlgang eine Woche später wieder anzutreten. Dies sollte Entschlossenheit demonstrieren und ihre Anhänger beruhigen. Stattdessen suggerierte die kurze Presseerklärung, die Thatcher auf dem Weg zum Staatsbankett abgab, Trotz und fehlende Sensibilität für die Stimmung in der Partei; es entstand der Eindruck, die Premierministerin halte es nicht für nötig, vor einer entsprechenden Entscheidung zunächst die Lage unter den Abgeordneten zu sondieren.

Als Thatcher am 21. November nach London zurückkehrte, musste sie feststellen, dass bereits über Alternativkandidaten für den zweiten Wahlgang gesprochen wurde. Vielen Abgeordneten, die noch im ersten Wahlgang für sie gestimmt hatten, erschien sie nun angeschlagen: Wie sollte sie selbst nach einem erfolgreichen zweiten Wahlgang die Partei wieder hinter sich einigen können, wo so viele Abgeordnete für Heseltine votiert hatten? Ein Heseltine-Erfolg im zweiten Wahlgang schien möglich geworden zu sein. Sollte das Erbe Thatchers bewahrt werden, müsse sie zurücktreten, um einem Kandidaten Platz zu machen, der gegen Heseltine gewinnen könne.

Thatcher selbst konnte sich diesem Stimmungswandel nicht entziehen. Am Abend des 21. November empfing sie in ihrem Büro im Unterhaus die Mitglieder des Kabinetts zu Vier-Augen-Gesprächen, um sich ihrer Unterstützung zu versichern. Wenige verweigerten diese rundheraus, doch riet auch nur einer zum Weitermachen. Alle anderen hatten sich beim Warten im Flur auf die Sprachregelung verständigt, persönlich würden sie Thatcher unterstützen, aber sie habe keine Chance und solle in Würde abtreten. Erst jetzt gab sich die Premierministerin geschlagen. Am Morgen des 22. November kündigte sie im Kabinett ihren Rückzug an. „It's a funny old world" [Die Welt ist komisch], sollen ihre Worte am Schluss der Sitzung gewesen sein.

Die Situation war in der Tat zumindest ungewöhnlich: Die Premierministerin war gestürzt, übte aber die Tage bis zur Wahl des Nachfolgers noch ihr Amt aus. Im Parlament gab sie sich gegenüber der Opposition kämpferisch wie eh und je, so dass ihr die Abgeordneten, die sie gerade in den Rücktritt getrieben hatten, zujubelten – womöglich mit einem Anflug schlechten Gewissens. Am 27. November wählten sie den von Thatcher aktiv unterstützten John Major zu ihrem Nachfolger als Partei- und Regierungschef. Er hatte die dramatischen Tage um den ersten Wahlgang herum in seinem Wahlkreis Huntingdon verbracht, wo er sich von einer Weisheitszahnoperation erholte. Böse Zungen sollten später behaupten, dass ihm diese Erholungsphase sehr gelegen kam: Weder musste er sich energisch für Thatchers Wiederwahl einsetzen, noch sich von ihr lossagen. Er konnte abwarten, bis ihm die Krone in den Schoß fiel.

Im Rückblick fühlte sich Thatcher von ihren Kabinettskollegen verraten. Sie war überzeugt, sie hätte den zweiten Wahlgang doch gewinnen können. Eine realistische politische Lösung wäre dies aber wohl nicht gewesen. Auch ein Erfolg hätte keine der aufgebrochenen Konfliktlinien in der Partei gekittet, eine Wiederherstellung ihrer früheren Autorität war kaum vorstellbar. Eine Tatsache allerdings schmerzte besonders: John Major war mit 185 Stimmen gegen die beiden Mitbewerber Heseltine und Hurd gewählt worden – 19 weniger, als Thatcher im ersten Wahlgang errungen hatte.

X.

Wirkung und Wertung

Der Abschied vom Amt fiel Margaret Thatcher schwer. Seit ihrer Jugend hatte sie ihr Leben fast vollständig der Politik gewidmet – nun fand sie sich innerhalb weniger Tage plötzlich vom Zentrum des politischen Geschehens an die Seitenlinie verdrängt. Obwohl sie die längste Regierungszeit eines Premierministers seit dem frühen 19. Jahrhundert vorweisen konnte, fühlte sie sich mitten aus der Arbeit an einer noch nicht abgeschlossenen Aufgabe herausgerissen – ihre Mission der Rettung Großbritanniens aus den Niederungen des ökonomischen und moralischen Abstiegs war noch längst nicht erfüllt, ihr Erbe nicht gesichert. Je länger sie darüber nachdachte, desto weniger schien ihr der Sturz gerechtfertigt und desto unzufriedener war sie mit ihrem blassen Nachfolger.

Wie bei anderen ehemaligen Regierungschefs folgten auch bei ihr die üblichen ehrenwerten Beschäftigungen: gut dotierte, internationale Redeengagements, insbesondere in den USA, Osteuropa und einigen asiatischen Ländern, Ehrungen und Beratertätigkeiten, 1992 die Erhebung zur Baroness Thatcher of Kesteven und der damit verbundene Einzug ins Oberhaus. Doch anders als viele ihrer Kollegen im Club der einstmals Mächtigen ging sie nicht in der Rolle einer „elder stateswoman“ auf, die die Stürme ihrer Amtszeit mit zunehmend milder Gelassenheit kommentiert hätte. In ihren 1993 und 1995 veröffentlichten Lebenserinnerungen bot sie eine forsche Rechtfertigung ihres politischen Handelns und bekräftigte das Bild der geradlinigen Überzeugungspolitikerin, die seit Oppositionszeiten systematisch an der Regeneration ihres Landes gearbeitet habe.

Vor allem aber mischte sie sich im Jahrzehnt nach ihrem erzwungenen Rücktritt noch mehrmals meinungsstark und kämpferisch in die Politik ein. In den Debatten um die Verabschiedung des Vertrages von Maastricht führte sie 1992 ihren Feldzug gegen den Ausverkauf nationaler Souveränitätsrechte weiter. Damit brachte sie nicht nur ihren Nachfolger in politische Verlegenheit, sondern sie trug zur dauerhaften Etablierung eines starken europaskeptischen Flügels in ihrer Partei bei. Sie verärgerte die zögerliche Regierung auch, als sie sich während des Bürgerkriegs im ehemaligen Jugoslawien frühzeitig öffentlich für Luftschläge gegen Serbien aussprach, um das Blutbad in Bosnien zu beenden. Dieses Engagement brachte ihr ungewohnten Beifall von humanitären Aktivisten ein, mit denen sie bisher im politischen Dauerkonflikt zu liegen pflegte. Die alten Fronten waren aber wieder da, als sie zwischen 1998 und 2000 ihre Kampagne zur Freilassung des in Großbritannien festgehaltenen Generals Pinochet führte.

Ab der Jahrtausendwende mehrten sich die Vorzeichen der Krankheit, die ihr Leben in den letzten Jahren umschattete. Bereits ab 2002 übernahm sie keine Redeverpflichtungen mehr. Fortan sah man sie nur noch bei gelegentlichen Auftritten mit von ihr favorisierten Kandidaten für den Parteivorsitz und auf Höflichkeitsvisite bei den Premierministern beider Parteien, so im September 2007 in Downing Street beim Labour-Regierungschef Gordon Brown. Allmählich schien die Erinnerung an ihre konfrontative Amtszeit in eine parteiübergreifende Würdigung ihres politischen Erbes und in einen gelassenen, sogar nostalgischen Blick auf die achtziger Jahre zu münden. Um so stärker überraschte das Aufwallen von Hass bei der Todesnachricht am 8. April 2013; es zeigte sich nicht nur in spontanen Jubelaktionen, sondern auch im stillen Einvernehmen, mit dem ein Lied aus dem über 70 Jahre alten Kinderfilm *The Wizard of Oz* die Hitlisten stürmte: „Ding-dong! The witch is dead!" [Ding-dong! Die Hex' ist tot.]

Gerade der Erfolg des Liedes zeigte, dass ein Anti-Thatcher-Affekt inzwischen Bestandteil der populären Kultur des Landes geworden war. Die sozialen Kosten ihrer Reformen waren nicht vergessen. Die Erinnerung wurde jüngeren Generationen vererbt durch die Trostlosigkeit der Lebensbedingungen, die gerade in ehemaligen nordenglischen und schottischen Industriegebieten trotz späterer Konversionsversuche fortbestanden, aber auch als psychologischer Ballast, der sich zur selbstverständlichen kulturellen Chiffre verfestigte. Eher selten bekannten sich dagegen Aufsteiger der Mittelschicht zu den Wohlstandsgewinnen, die Thatchers Reformen ebenfalls für Teile der Gesellschaft brachten. Dies dürfte nicht zuletzt am Auftreten Thatchers gelegen haben. Die Premierministerin äußerte kaum einmal Verständnis für die Nöte der Menschen, deren Lebensplanung durch ihre Politik durcheinander gewirbelt, oft sogar zerstört wurde. Die demonstrative Kühle beim Umbau des Landes, die kaltherzig Teile einer Generation der Vision einer besseren Zukunft opferte, dürfte manchem Gewinner ihrer Politik unterschwellige Gewissensbisse bereitet und das offene Bekenntnis zu Thatcher gehemmt haben.

Die Wahl des bescheiden und mittelmäßig wirkenden John Major zum Nachfolger war auch ein Zeichen dafür, dass die hyperaktiven, belehrenden, intensiven Auftritte der wie getrieben agierenden Premierministerin ihre Partei und das Land erschöpft hatten. Auch wenn viele den verbindlicheren Politikstil Majors bald als schwächlich verspotteten, schien sich Thatchers Dramatisierung des Politischen zum Zeitpunkt ihres Rücktritts überlebt zu haben. Sie hatte den in den siebziger Jahren ausgemachten innenpolitischen Feind besiegt – den „Sozialismus“: Die Gewerkschaften hatten ihren politischen Einfluss weitgehend verloren, die nationalisierten Industrien befanden sich im Prozess der Privatisierung, die Labour Party akzeptierte unter den Premierministern Tony Blair und Gordon Brown den Kern ihrer Reformmaßnahmen. Thatcher hatte die Pflöcke des von ihr angestrebten Regenerationswegs eingeschlagen – damit fehlte in Zukunft die Kontrastfolie eines Gegners, der als Legitimation für die Notwendigkeit ihres obsessiven Vorgehens dienen konnte. Je erfolgreicher Thatcher war, um so weniger bedurfte man des von ihr aufgeführten Dramas.

Ein ähnliches Bild zeigte sich auf der außenpolitischen Bühne: Mit dem Ende der Blockkonkurrenz zwischen West und Ost verband sich die Hoffnung auf eine neue globale Ordnung, die stärker von Kooperation und ökonomischer Verflechtung als waffenstarrender Konfrontation gekennzeichnet sein würde. Wozu benötigte man noch eine Eiserne Lady, deren Europa- und Deutschenskepsis zeigte, dass sie über keine Konzepte für einen weltpolitischen Neuanfang verfügte? Der Historiker George Urban bemerkte im Dezember 1989, Thatcher sei „dazu gemacht, eine Anführerin im Krieg zu sein". In den Tiefen ihres Denkens betrachte sie „viele der friedenszeitlichen Aktivitäten eines Premierministers als Generalproben für den Ruhm, den es auf dem Schlachtfeld zu erringen" gelte. Nun gab es nicht einmal mehr einen kalten Krieg.

Weniger scharf als der Zwischenstand am Ende ihrer Amtszeit lassen sich Erfolge und Grenzen der Politik Thatchers in längerfristiger Perspektive einschätzen. Die von ihr beanspruchten Erfolge beim ökonomischen Umbau ihres Landes haben – neben den unmittelbaren Opfern, die die durch sie ausgelösten, vielleicht notwendigen, auf jeden Fall aber rapiden und ungezähmten Strukturbrüche in manchen Regionen forderten – die britische Wirtschaft abhängiger vom Finanzsektor gemacht. Die Beurteilung, ob das ein Segen oder Fluch ist, wandelt sich so schnell wie die Börsenkonjunkturen. Mit dem Absturz des Landes in der Finanz- und Wirtschaftskrise 2008 und der nachfolgenden Zeit einer erneuten Austerität wurden Schattenseiten des Erfolgs erkennbar. Zwar erhoben sich aus den Trümmern der Finanzkrise vereinzelte Stimmen, die zur wirtschaftlichen Erholung eine Rückbesinnung auf den ungehinderten Kapitalismus in Thatcher-Manier forderten und – wie 2013 der damalige Londoner Bürgermeister Boris Johnson – Neid und Gier als Antriebskräfte der Wirtschaft propagierten. Breite Unterstützung fanden solche Stimmen aber nicht, bevor die Entscheidung für den „Brexit" in der Volksabstimmung vom Juni 2016 die Koordinaten der politischen Debatte ohnehin durcheinanderwirbelte.

Auch die Effekte, die sich aus der internationalen Ausstrahlungskraft der Überzeugungen Thatchers ergaben, lassen sich noch nicht abschließend beurteilen. Als die Premierministerin ihr Amt antrat, agierten die Regierungen vieler Staaten noch mit Lohn- und Preiskontrollen; diese waren zur Zeit ihres Sturzes fast völlig ver-

Margaret Thatcher mit Ronald Reagan und Lucky 1985 im Rosengarten des Weißen Hauses

Margaret Thatcher 1989 mit ihren Ministern (zu ihrer Rechten Geoffrey Howe, dahinter John Major; zu ihrer Linken Nigel Lawson, dahinter Douglas Hurd) © PA Archive/Press Association Images

schwunden. Insbesondere einige osteuropäische Länder übernahmen bei der Abkehr von der kommunistischen Planwirtschaft begeistert Thatchers Lehre vom freien Spiel der Marktkräfte. Schon bald stellte sich aber auch hier die Frage, ob unliebsame Folgewirkungen – wie die Herrschaft von Oligarchen oder Arbeitsplatzverluste in vielen Industriezweigen – nur auf Umsetzungsmängeln in einzelnen Ländern oder einem grundsätzlich verfehlten Ansatz beruhten.

Je weiter das 21. Jahrhundert voranschreitet, desto mehr schrumpfen die Hoffnungen auf ein neues Staatensystem, das auf internationaler Kooperation basiert. Innerhalb der Europäischen Union werden Stimmen lauter, die nationale Souveränitätsrechte gegenüber einer vertieften Integration behaupten wollen; durch die Krise des Euro sehen sich Kritiker der Idee einer Währungsunion bestätigt. Nicht zuletzt in der Entscheidung für den „Brexit" lebten Argumente und Aversionen auf, denen bereits Thatchers Politik eine Heimat geboten hatte. Die Rückkehr geopolitischer Machtspiele in Europa und ein wachsendes Misstrauen zwischen Ost und West bringen in teilweise hysterischer Rhetorik sogar wieder eine Dramatik in die Politik, die an das Freund-Feind-Denken der Eisernen Lady erinnert. Zugleich wirft allerdings die sinkende Bereitschaft der USA zum Engagement in Europa und der Welt die Frage auf, welche Bedeutung der von Thatcher stets gepflegten transatlantischen Partnerschaft in Zukunft als weltpolitischem Ordnungsfaktor noch zukommen kann; gerade die Rolle Großbritanniens bedarf wegen der Entscheidung zum Austritt aus der Europäischen Union einer Neujustierung. Wenngleich die gegenwärtige Dramatisierung des Politischen in mancherlei Hinsicht auf Ursprünge in der Politik Thatchers zurückverweist, so scheinen deren weltpolitische Grundpfeiler angesichts sich wandelnder Rahmenbedingungen doch allmählich in der Vergangenheit zu versinken. Wenn Thatcher dennoch weiterhin als historischer Bezugspunkt in aktuellen Debatten präsent bleibt, so verdankt sich dies nicht zuletzt dem erfolgreich präsentierten Image als energiegeladener Überzeugungspolitikerin, deren Name zum Synonym einer klaren politischen Programmatik und eines konturierten eigenen Politikstils geworden ist.

XI.

Bibliographische Hinweise

Es gibt keinen britischen Nachkriegspolitiker, dessen Wirken ausgiebiger erforscht wird als das der britischen Premierministerin Margaret Thatcher. Schon ihr politischer Aufstieg und ihre Regierungszeit waren begleitet von einem ständigen Strom an biographischen und politikwissenschaftlichen Analysen, angeregt durch ihren ideologisch unterfütterten Umgestaltungswillen und das neue Phänomen einer Frau an der Regierungsspitze eines westlichen Industrielandes. Es gibt aber in Thatchers Fall besonders gut ausgebaute Schneisen durch das Dickicht der Quellen und Literatur. Die folgende Auswahl konzentriert sich auf publizierte Quellen und auf Monographien in englischer und deutscher Sprache, die als Ausgangspunkt weiterführender Recherchen dienen können.

Die Quellenlage ist außergewöhnlich reichhaltig. Thatcher selbst publizierte zwei Memoirenbände, in denen sie ein kompaktes Selbstbild präsentiert, das die Kontinuitäten ihres Denkens und Handelns seit Jugendtagen betont: *The Path to Power*, London 1995 (dt. *Die Erinnerungen 1925–1979*, Düsseldorf 1995), und: *The Downing Street Years*, London 1993 (dt. *Downing Street No. 10. Die Erinnerungen*, Düsseldorf 1993). Es folgte ein Band mit außenpolitischen Grundsatzüberlegungen: *Statecraft. Strategies for a Changing World*, London 2002.

Die Quellen zu ihrer Person sind auf einzigartige Weise erschlossen: In Kooperation mit dem Thatcher Archive am Churchill Archive Centre, Churchill College, University of Cambridge (der Thatcher ihr Privatarchiv vermachte, da ihre Heimatuniversität Oxford ihr aus Protest gegen ihre Bildungspolitik eine Ehrendoktorwürde vorenthalten hatte) werden alle öffentlichen Äußerungen

Thatchers sowie weitere Quellen durch die 1991 gegründete Thatcher Foundation im Internet zugänglich gemacht (http://www.margaretthatcher.org). Die Website bietet inzwischen weit über 8000 Dokumente zur freien Nutzung, mit Suchfunktionen zur raschen Erschließung der Materialien. Damit prägt die Thatcher Foundation die Erinnerung an die Premierministerin maßgeblich, doch selbstverständlich ist eine Fülle weiterer öffentlich zugänglicher Materialien überliefert (Regierungspublikationen, Presse, Film- und Tonaufnahmen), zudem werden allmählich die staatlichen Akten in den National Archives in London gemäß der 30-Jahre-Sperrfrist freigegeben. Es existieren zudem Sammlungen ihrer Reden und Interviewäußerungen in Buchform, z.B.: Robin Harris (Hg.): *The Collected Speeches of Margaret Thatcher*, London 1997; Iain Dale (Hg.): *Margaret Thatcher In Her Own Words*, London 2010, sowie Erinnerungswerke der führenden Minister ihrer Regierungen (John Major, Nigel Lawson, Geoffrey Howe, Douglas Hurd u.a.).

Thatchers Karriere wurde von Anfang an durch biographische Darstellungen begleitet. Von den zur Regierungszeit entstandenen Lebensbeschreibungen wegen ihrer analytischen Klarheit weiterhin besonders anregend ist: Hugo Young: *One of Us. A Biography of Margaret Thatcher*, London 1989 (überarbeitete Fassung 1990). Unverzichtbarer Standard für jede Beschäftigung mit der Eisernen Lady ist die zweibändige, wissenschaftlich grundlegende und dennoch stellenweise mit ironischer Distanz verfasste Darstellung von John Campbell: *Margaret Thatcher: Volume One: The Grocer's Daughter*, London 2001; *Volume Two: The Iron Lady*, London 2003 (auch verfügbar in einer gekürzten einbändigen Ausgabe). Unter den nach ihrem Tod publizierten Biographien ragt heraus: Charles Moore: *Margaret Thatcher. The Authorized Biography: Volume One: Not For Turning*, London 2013; *Volume Two: Everything She Wants*, London 2015, die beiden ersten Bände der autorisierten Biographie, für die Moore privilegierten Zugang zu ansonsten noch gesperrten Dokumenten erhielt und in die anderthalb Jahrzehnte Forschungsleistung eingegangen sind; bei aller grundlegenden Sympathie arbeitet Moore sorgfältig die Differenzen zwischen Handeln und Image der Eisernen Lady heraus. Auch politische Wegbegleiter Thatchers legten nach ihrem Tod umfangreiche Darstellungen vor, die bereits längere Zeit in Arbeit waren: Robin Harris: *Not for Turning. The Life of Margaret Thatcher*, London 2013, eine engagierte Verteidigung Thatchers durch einen ihrer Redenschreiber und Mitarbeiter an ihren Memoiren. Anekdotenreicher: Jonathan Aitken: *Margaret Thatcher. Power and Personality*, London/New York 2013. Ein prägnanter Essay: David Cannadine: *Margaret Thatcher. A Life and Legacy*, Oxford 2017.

Neben den Biographien steht eine Fülle von Studien zu Einzelthemen in Monographie- und Aufsatzform, aus denen hier nur einige monographische Arbeiten herausgegriffen werden, die einen raschen Zugriff auf das Phänomen Margaret Thatcher ermöglichen.

Schon begleitend zu ihrer Regierungszeit entstanden zahlreiche Analysen der Person und Politik Thatchers, z.B. die Studien von Dennis Kavanagh: *Thatcherism and British Politics. The End of Consenus?*, Oxford 1987; (hg. mit Anthony Seldon) *The Thatcher Effect. A Decade of Change*, Oxford 1989; *The Re-ordering of British Politics. Politics After Thatcher*, Oxford 1997. Einflussreiche marxistische Analysen des Thatcherismus bei: Stuart Hall/Martin Jacques (Hgg.): *The Politics of Thatcherism*, London 1983.

Frühe, weiterhin hilfreiche Kurzdarstellungen der Regierungszeit Thatchers: Anthony Seldon/Daniel Collings: *Britain under Thatcher*, Harlow 2000; Eric J. Evans: *Thatcher and Thatcherism*, London/New York 1997 (dritte überarb. Auflage 2013).

Jüngere Analysen zu Politik und Person Thatchers bieten u.a.: Ben Jackson/Robert Saunders (Hgg.): *Making Thatcher's Britain*, Cambridge 2012 (mit instruktiven statistischen Anhängen); E.H.H. Green: *Thatcher*, London/New York 2010; Richard Vinen: *Thatcher's Britain. The Politics and Social Upheaval of the Thatcher Era*, London 2009.

Ein ungewöhnlicher Zugang zu Person und Wirken Thatchers findet sich bei: Claire Berlinski: *„There is no Alternative." Why Margaret Thatcher Matters*, New York 2008, in dem die Journalistin ein Bild Thatchers aus collageartig angeordneten Zeitzeugengesprächen, zeitgenössischen Dokumenten und analysierenden Passagen entstehen lässt.

Neuere deutschsprachige Darstellungen der Regierungszeit Thatchers finden sich in Überblickswerken zur britischen Nachkriegsgeschichte, insbesondere: Franz-Josef Brüggemeier: *Geschichte Großbritanniens im 20. Jahrhundert*, München 2010; Thomas Mergel: *Großbritannien seit 1945*, Göttingen 2005. In diesen Darstellungen finden sich auch ausführliche Schilderungen der hier nur skizzierten gesellschaftlichen, ökonomischen und politischen Hintergründe der britischen Politik in der zweiten Hälfte des 20. Jahrhunderts.

An Einzelstudien, über deren Literaturverzeichnisse sich rasch weitere Spezialliteratur zum Regierungsstil der Eisernen Lady erschließen lässt, seien genannt: Petra Grond: *When Maggie Speaks. Die Reden der britischen Premierministerin Margaret Thatcher – eine Studie in politischer Rhetorik*, Passau 2004; Judith Gurr: *Freundschaft und politische Macht. Freunde, Gönner, Getreue Margaret Thatchers und Tony Blairs*, Göttingen 2011. Zu Thatchers Oppositionsjahren besonders: Dominik Geppert: *Thatchers konservative Revolution. Der Richtungswandel der britischen Tories (1975–1979)*, München 2002.

Besonders viele deutschsprachige Arbeiten widmen sich naheliegenderweise den britisch-deutschen Beziehungen und Thatchers Rolle im Wiedervereinigungsprozess, so: Klaus-Rainer Jackisch: *Eisern gegen die Einheit. Margaret Thatcher und die deutsche Wiedervereinigung*, Frankfurt 2004; Norbert Himmler: *Zwischen Macht und Mittelmaß. Großbritanniens Außenpolitik und das Ende des Kalten Krieges. Akteure, Interessen und Entscheidungsprozesse der britischen Regierung 1989/90*, Berlin 2001. Zudem liegen Quellen in gedruckter Form vor; für die deutsch-britischen Beziehungen der frühen Regierungsjahre hilfreich: die entsprechenden Jahrgangsbände der Akten zur Auswärtigen Politik der Bundesrepublik Deutschland, herausgegeben im Auftrag des Auswärtigen Amts vom Institut für Zeitgeschichte; die britische Haltung zur deutschen Einheit über die Position der Premierministerin hinaus erschließen:

Patrick Salmon/Keith Hamilton/Stephen Twigge (Hgg.): *Documents on British Policy Overseas, Series III, Volume VII: German Unification 1989–1990*, Abingdon 2010.

Die Sicht eines Beteiligten auf das berüchtigte Chequers-Seminar in Tagebuchaufzeichnungen bei: George R. Urban: *Diplomacy and Disillusion at the Court of Margaret Thatcher. An Insider's View*, London/New York 1996; die „Tagebuchperspektive" von deutscher Seite bei: Horst Teltschik: *329 Tage. Innenansichten der Einigung*, Berlin 1991. Unverzichtbar in jeder vorstellbaren Hinsicht ist Alan Clark: *Diaries. Into Politics 1972–1982*, London 2000; *Diaries. In Power 1983–1992*, London 1994, die respektlosen Tagebücher eines konservativen Politikers der Thatcher-Ära, der die Premierministerin verehrte und damit zurechtkommen musste, dass sie ihn nie in die hochkarätigen Positionen brachte, für die er nach eigener Meinung prädestiniert gewesen wäre.

In der vorliegenden biographischen Skizze sind englischsprachige Zitate in der Regel vom Autor selbst ins Deutsche übertragen. Wenn nicht anders erwähnt, lassen sich alle Thatcher-Zitate auf der oben genannten Website der Thatcher Foundation im Original finden.

Einzelnachweise der Zitate finden sich auf meiner Website: www.geschichte.tu-darmstadt.de bzw. www.holtmann-mares.de/thatcher.pdf.